第四届"外教社杯"全国高校外语教学大赛（大学英语组）

总决赛获奖教师教学风采
The 4th SFLEP National Foreign Language Teaching Contest

——附专家点评、比赛视频、电子教案比赛获奖PPT

教育部高等学校外国语言文学类专业教学指导委员会
教育部高等学校大学外语教学指导委员会
教育部职业院校外语类专业教学指导委员会
上海外语教育出版社

上海外语教育出版社
SHANGHAI FOREIGN LANGUAGE EDUCATION PRESS
www.sflep.com

图书在版编目（CIP）数据

第四届"外教社杯"全国高校外语教学大赛（大学英语组）总决赛获奖教师教学风采 / 教育部高等学校外国语言文学类专业教学指导委员会等编.
—上海：上海外语教育出版社，2014（2015重印）
ISBN 978-7-5446-3661-2

Ⅰ. ①第… Ⅱ. ①教… Ⅲ. ①英语－教学法－高等学校
Ⅳ. ①H319.3

中国版本图书馆CIP数据核字（2014）第023865号

出版发行：**上海外语教育出版社**
　　　　　（上海外国语大学内）　邮编：200083
电　　话：021-65425300（总机）
电子邮箱：bookinfo@sflep.com.cn
网　　址：http://www.sflep.com.cn　http://www.sflep.com
责任编辑：王冬梅

印　　刷：上海华业装璜印刷厂有限公司
开　　本：787×1092　1/16　印张 12.5　字数 255千字
版　　次：2014年3月第1版　2015年7月第3次印刷
印　　数：5 000 册

书　　号：ISBN 978-7-5446-3661-2 / H · 1911
定　　价：48.00 元

本版图书如有印装质量问题，可向本社调换

第四届"外教社杯"全国高校外语教学大赛(大学英语组)专家委员会

(按姓氏笔画排序)

王守仁	杨信彰	秦秀白
王俊菊	杨惠中	贾国栋
王海啸	李 力	莫锦国
王 蔷	李萌涛	夏纪梅
牛 健	李霄翔	殷企平
文秋芳	束定芳	唐力行(美)
叶兴国	何兆熊	黄源深
卢思源	何其莘	梅德明
白解红	余渭深	程晓堂
庄智象	吴 敏	曾凡贵
刘世生	邹 申	董剑桥
刘建达	张绍杰	褚孝泉
刘洊波	金 艳	樊葳葳
刘黛琳	胡文仲	戴炜栋
祁寿华(美)	饶振辉	Donald Freeman(美)
杨治中	洪 岗	Elizabeth Bankowski

第四届"外教社杯"全国高校外语教学大赛(大学英语组)颁奖典礼书面致辞

吴启迪

各位领导、各位教育界同仁、尊敬的评委及各位参赛选手：

"外教社杯"全国高校外语教学大赛已经举办了四届，每届都获得了巨大的成功，她已经成为了我国高校外语教学领域最重要的赛事，成为我国外语教学改革与发展历程中的重要里程碑。

首先，要祝贺今天获奖的58名选手，你们的优异表现，为大学英语教师树立了榜样，这是大学英语教学改革成果的完美展现，是新时代外语教师个人风采的精彩演绎。

其次，我要感谢这3天来担当评委的外语专家和学者，你们的辛勤付出保证了这四届大赛的权威性与公正性。你们的努力，是外语教学水平不断提高的重要保障。

我还要感谢在座的远道而来的各省市自治区的教育行政部门领导、外语教学研究单位的领导、各高校外语学院领导以及海内外出版、教育机构的嘉宾，正是你们的大力支持与积极配合，才使该项赛事真正成为一个全国性的、高水平的、代表我国大学英语教学改革方向的重大比赛。

党的十八大报告提出，要加强教师队伍建设，提高师德水平和业务能力，增强教师教书育人的荣誉感和责任感。大学英语作为一门重要的公共课，在高等教育中有着特殊的地位，并一直受到社会各界的关注。大学英语从2004年始，历经近10年的改革历程，教学质量得到了较快的提升，运用多媒体和网络技术辅助大学英语教学，也取得了一定的效果。从本届比赛新设的电子教案比赛来看，教师能够熟练掌握各项多媒体教学手段，有效提升课堂教学效果。当然，我们也必须清醒地认识到，教师作为教学的主体，如果不能在教学理念、教学方法以及职业奉献精神上有所提升，就很难使整个教学质量得到应有的保证。

我们欣喜地看到，通过这样一个大赛，使各级教育行政部门和教学单位加强了对大学英语教学重要性的认识，充分调动了广大教师的积极性。虽然总决赛获奖的只是个人，但其背后却有着一个个团队的支撑，离不开国家对大学英语教学改革的投入与支持。通过历届大赛的成功举办，我们对我国大学英语乃至整个高等教育的改革充满信心。教师作为教学过程中的主体，肩负着传道授业解惑的重任，只有你们不断夯实外语基本功、刻苦钻研教学理论、创新变革教学手段和方法、加强与学生的心灵沟通，我们的高等教育质量才会真正得到提升，我们的高校才有和世界一流大学竞争的实力。

最后，我要特别感谢此次大赛的主办方，教育部高等学校外国语言文学类专业教学指导委员会、教育部高等学校大学外语教学指导委员会、教育部职业院校外语类专业教学指导委员会以及上海外语教育出版社。你们共同举办的全国高校外语教学大赛很好地贯彻了《国家中长期教育改革和发展规划纲要》的精神，很好地实践了大学英语教学改革的要求，很好地提升了我国大学英语教学的整体水平。你们为此次大赛所做的努力，已经产生了积极的影响，结出了累累硕果。希望在教育部三个指导委员会的指导下，我们的外语教学能够更上一层楼，希望上海外语教育出版社作为一家专业的外语出版社，承担起更多的社会责任，为我国外语教育的蓬勃发展再做贡献。

再一次感谢参与、支持、关心此次大赛的各级领导、专家、教师及工作人员，希望我们明年再聚首，谱写我国高校外语教学新的篇章。

2013年11月8日

评委简介
(按姓氏拼音为序)

Elizabeth Anna Bankowski, Senior Lecturer, Co-ordinator of Language Centre, Faculty of Arts, Hong Kong Baptist University; has gained her professional experience in Hong Kong, Australia and Poland teaching English, conducting teacher training courses, designing course syllabi and developing teaching materials for classrooms and individual study.

樊葳葳，华中科技大学外国语学院院长、教授、博士生导师。研究方向为跨文化交际、英语教学、教材编写等。担任教育部高等学校大学外语教学指导委员会委员、教育部大学英语四、六级考试委员会委员、湖北省大学外语教学指导委员会主任委员，主持编写过系列国家"十二五"规划教材。

季佩英，复旦大学外国语言文学学院副院长、大学英语教学部主任、教授，澳大利亚悉尼大学教育学博士。教育部高等学校大学外语教学指导委员会委员，兼任中国外语教学研究会专门用途英语专业委员会常务理事。主要研究领域为二语习得、外语教育、语用学等。

贾国栋，中国人民大学外国语学院副院长、教授。研究方向为计算机辅助语言教学、语言测试、文学文体学等。主编了国家"十二五"规划教材《大学体验英语》、《新大学英语》和英语专业教材《超越概念听力1—4册》。2012年，获北京市教学成果二等奖。担任教育部高等学校大学外语教学指导委员会副主任委员，兼任国际语言测试学会会员、美国海明威研究会会员等。

李力，教授、博士生导师，1999—2008年任西南师范大学、西南大学外国语学院院长。1999年获国务院特殊津贴。2003年起任课程与教学论博士生导师，2006年起任英语语言文学博士生导师。任全国翻译专业学位研究生教育指导委员会委员。

李霄翔，东南大学外国语学院教授、博士生导师，东南大学教师教学发展中心主任。主要学术研究方向是英语教育等。曾经获得国家级教学名师奖和宝钢教育基金特等奖。担任教育部高等学校大学外语教学指导委员会副主任委员。

刘黛琳，国家开放大学教授，教育部职业院校外语类专业教学指导委员会主任委员，北京市民讲外语活动组委会专家顾问团成员。主编并作为课程负责人的电大公共英语课程入选"国家精品课程"。参与策划、启动了一年一度的全国高校英语口语竞赛和辩论赛。主编《高职高专外语教育发展报告(1978—2008)》。

刘建达，教授、博士生导师，广东外语外贸大学副校长，广东省大学英语课程指导委员会主任委员，教育部高等学校大学外语教学指导委员会委员，国家人文社科重点研究基地外国语言学及应用语言学研究中心主任。现入选教育部"新世纪优秀人才支持计划"。主要研究方向包括语言测试、语用习得、外语教育。

刘正光，湖南大学外国语与国际教育学院院长、博士生导师。国务院政府特殊津贴专家，教育部"新世纪优秀人才"，湖南省高等学校学科带头人，中国认知语言学研究会副会长，中国外语博士论坛理事会副会长，湖南省翻译协会副会长。主要研究方向为认知语言学、语言习得与外语教学。

莫锦国，东南大学英语教授、硕士生导师，东南大学外语教育技术研究所所长，亚太计算机辅助语言教学协会（PacCALL）执行委员。主要从事计算机辅助语言教学，特别是大学英语多媒体教学的研究。与上海外语教育出版社联合研发了多套《大学英语》教材配套的助教型光盘。

秦秀白，华南理工大学教授、博士生导师，广东外国语言学会会长，曾任广东外语外贸大学"外国语言学及应用语言学研究中心"学术委员会副主任、兼职教授，曾任第一、二、三届教育部高等学校外语专业教学指导委员会委员。

邱东林，复旦大学外文学院教授、博士生导师，原大学英语教学部主任。1996—1997年在英国牛津大学作高级访问学者。主要研究方向是应用语言学和英语教学。近年来先后出版了十多部著作，其中《管理学专业英语教程》被教育部推荐为优秀教材。参与编写的《21世纪大学英语》、《大学英语(全新版)》均为国家级重点规划教材。

史志康,上海外国语大学教授、博士生导师,著名翻译家。主要研究领域为莎士比亚研究、英美诗歌研究以及翻译研究。曾任上海外国语学院英语学院院长,中国英语研究会副会长。现任中国英语文学学会副会长及上海外文学会党组书记、常务副会长。

束定芳,上海外国语大学教授、博士生导师,《外国语》主编,中国认知语言学研究会会长,中国高校外语学刊研究会秘书长,*Journal of Pragmatics*、*TESOL Quarterly*编委。2009年获"上海市领军人才"称号。出版专著《现代外语教学——理论、实践与方法》、《隐喻学研究》、《现代语义学》、《外语教学改革:问题与对策》、《认知语义学》等。

孙倚娜,苏州大学外国语学院教授,教育部高等学校大学外语教学指导委员会委员,学术研究兴趣主要为应用语言学和英语教育;国家精品课程"大学英语应用类课程"主持人,江苏省第六届名师奖获得者。

唐力行,美国纽约大学英语为第二语言教育(TESOL)和外语教育教授,博士。从事英语教学和外语教师培养40余年,曾在国内中学、区教师进修学院和上海师范大学外语学院任教数十年。在美国纽约大学获得TESOL博士学位,研究领域包括有效培养英语教师的理论与方法、多种智能理论、人脑研究以及人文主义教育理论对外语教学的启示等。

王俊菊，教授、博士生导师，山东大学外国语学院院长。主要从事应用语言学领域的研究，研究方向包括英语写作心理、外语教学法、二语习得、语言测试、教师发展等。入选"教育部新世纪人才支持计划"，兼任教育部高等学校外语专业教学指导委员会委员、中国英语教学研究会常务理事、山东省外国语言学学会会长等职。

王守仁，英国伦敦大学博士，南京大学外国语学院教授、博士生导师、教师教学发展中心主任，兼任教育部高等学校大学外语教学指导委员会主任委员。长期从事英语语言文学的教学和研究工作，已发表论文130多篇，出版多部学术著作，是首批国家级教学名师奖获得者。

吴敏，男，1962年8月生，教授，中国科学技术大学软件学院副院长，教育软件工程学科带头人；教育部教育技术专业教学指导分委员会委员。长期从事教育软件工程和高等教育研究，发表相关学术论文40余篇，先后获得省部级和国家级教学成果奖7项。

夏纪梅，中山大学英语教授，教育部审批认定的英语教师培训师，广东省教学名师，湖北省"楚天学者"。

向明友，上海外国语大学"外国语言学及应用语言学"专业博士毕业，现为北京航空航天大学蓝天学者特聘教授、博士生导师、外国语学院院长。教育部高等学校大学外语教学指导委员会副主任委员，教育部新世纪优秀人才。

杨惠中，教授、博士生导师，上海交通大学外国语学院语言学与应用语言学博士后流动站负责人；现已退休；曾任上海交通大学外语系主任、全国大学英语教学研究会会长、全国大学英语四、六级考试委员会主任；现任国家教育考试指导委员会专家组成员。主要研究领域包括语言测试、语料库语言学、语言教学。

杨治中，南京大学教授，多年从事大学英语教学和研究，对大学英语教学有浓厚兴趣。曾任教育部高等学校大学外语教学指导委员会委员，现任全国大学外语教学研究会会长、全国大学英语四、六级考试委员会委员。

余渭深，教授，任重庆大学外语学院党委书记，教育部高等学校大学外语教学指导委员会副主任委员，全国大学英语四、六级考试委员会专业委员，重庆市大学外语教学研究会会长。参与了《大学英语课程教学要求》的修订，主编了多部国家级规划教材，参与大学英语四、六级考试改革工作，长期致力于推动国内高等学校的公共英语教学改革。

目 录

第四届"外教社杯"全国高校外语教学大赛(大学英语组)颁奖典礼书面致辞
　　　　　　　　　　　　　　　　　　　　　　　　　吴启迪　　ii
评委简介　　　　　　　　　　　　　　　　　　　　　　　　　　iv
第四届"外教社杯"全国高校外语教学大赛(大学英语组)总决赛获奖名单　xii
评委点评　综合课评委组组长　李力　　　　　　　　　　　　　　xiv
评委点评　(视)听说课评委组组长　杨治中　　　　　　　　　　　xvi
从"外教社杯"全国高校外语教学大赛看我国英语教学的希望和前景
　　——担任2013年大赛评委有感　唐力行　　　　　　　　　　xviii

综合课组

大赛组委会特别荣誉奖、一等奖

陶　鑫	首都医科大学	2

二等奖

李惠胤	广东外语外贸大学	10
郭亚文	西北师范大学	16
王丽莉	西安电子科技大学	24

三等奖

李　勤	上海理工大学	32
卢　兵	鲁东大学	38
王成东	大连交通大学	44
王　蓓	江苏科技大学	50
吴　泳	湖南工业大学	56
陈　杭	重庆科技学院	62

(视)听说课组

一等奖

戴家琪	上海对外经贸大学	68

二等奖

陈媛媛	广东外语外贸大学	76
陈国苹	内蒙古科技大学	82
梁　熹	武汉科技大学城市学院	88

三等奖

唐慧君	成都大学	94
张　辉	哈尔滨工业大学	100

钟含春	浙江工商大学	106
李 超	江西农业大学	112
程 蓓	湘潭大学	120
高 欢	苏州工业园区服务外包职业学院	126

综合课组全国总决赛说课课文：Work, Labor, and Play   132

（视）听说课组全国总决赛说课素材视频   详见光盘

第四届"外教社杯"全国高校外语教学大赛电子教案比赛纪要   134
第四届"外教社杯"全国高校外语教学大赛电子教案比赛获奖名单   136

特等奖

| 福州大学至诚学院 | 138 |

一等奖

深圳大学外国语学院大学英语部	142
河北师范大学	146
上海师范大学天华学院	150

二等奖

江苏大学外国语学院	154
烟台大学	158
中南林业科技大学外国语学院	162
山东农业大学外国语学院	166
江西科技学院	170
成都信息工程学院外国语学院	174

第四届"外教社杯"全国高校外语教学大赛(大学英语组)

总决赛获奖名单

综合课组

荣誉奖、一等奖

  陶　鑫　　首都医科大学

二等奖

  李惠胤　　广东外语外贸大学

  郭亚文　　西北师范大学

  王丽莉　　西安电子科技大学

三等奖

  李　勤　　上海理工大学

  卢　兵　　鲁东大学

  王成东　　大连交通大学

  王　蓓　　江苏科技大学

  吴　泳　　湖南工业大学

  陈　杭　　重庆科技学院

优胜奖

  汪　晨　　江西师范大学

  周　宁　　新疆大学

  周　岩　　福州大学

  王蕊蕊　　云南师范大学

  田　丽　　天津财经大学

  耿　菲　　华中科技大学

  霍月红　　河北科技大学

  叶潇潇　　皖西学院

  蒋恬恬　　浙江工商大学

  刘莎莎　　广西医科大学

  刘　军　　成都中医药大学

  李　旭　　山西财经大学

  王　馨　　东北农业大学

  沈　麟　　贵州大学

  郭晓燕　　宁夏大学

  杨　迪　　吉林大学

  夏　天　　苏州大学

  高　帆　　内蒙古工业大学

  孔玉花　　青海师范大学

（视）听说课组

一等奖

戴家琪　　上海对外经贸大学

二等奖

陈媛媛　　广东外语外贸大学

陈国苹　　内蒙古科技大学

梁　熹　　武汉科技大学城市学院

三等奖

唐慧君　　成都大学

张　辉　　哈尔滨工业大学

钟含春　　浙江工商大学

李　超　　江西农业大学

程　蓓　　湘潭大学

高　欢　　苏州工业园区服务外包职业学院

优胜奖

王　颖　　渤海大学文理学院

叶　荷　　福建医科大学

颜贤斌　　北京林业大学

花　萌　　徐州幼儿师范高等专科学校

丁　凌　　空军工程大学

雷　蕾　　重庆大学

陈　丽　　安徽师范大学

吴　颖　　兰州城市学院

覃耀龙　　广西师范学院

史　强　　山西财经大学

张　凯　　昆明理工大学城市学院

全英爱　　吉林大学

张斐瑞　　山东财经大学

刘东亮　　中国民航大学

杨　静　　贵州大学

高　洁　　河北师范大学汇华学院

冶　君　　青海大学

朱　洁　　宁夏大学

陈　爽　　新疆师范大学

评委点评

综合课评委组组长　李力

这次教学大赛综合课组的比赛，可谓高手云集、各显神通，体现出我国大学英语教育的蓬勃发展，大学英语教师的语言水平和教学能力都在不断提高。绝大多数的参赛选手能够自如地运用英语授课，语言自然流畅；对语言材料的处理和教学过程的把握也显示出足够的自信和从容。

这种类型的教学大赛，要求参赛选手在短短的20分钟内展示自己的语言水平和教学水平，的确不容易。由于赛前有长达两周的准备时间，可以说，每个参赛选手的成绩，其实凝结了参赛选手所在学校团队的集思广益，是集体努力和个人表现相结合的结果，因此在某种程度上也就反映了参赛选手所在学校的英语教学整体水平。这也反映出我国大学英语教育教学水平经过最近十年的改革，在不断地提高。

但是，从这次综合课组的情况来看，也有不少的问题，其中最突出的是对综合课的定位和处理。

综合课是大学英语教学中一门很重要的课，它对提高学生的英语水平、提高学生的综合语言运用能力等都有极为重要的作用。在理想状态下，这门课应该在以下几个方面培养学生：1 语言知识，2 语言技能，3 文化意识，4 情感态度，5 学习策略，6 思辨能力。在实际操作中，不可能每个单元、每节课都兼顾所有的方面，而应根据具体情况有所侧重。但在教学大赛中，参赛选手如能在各个方面都兼顾，则能更充分地显示自己的教学能力，而且这是可以做到的。由于篇幅所限，这里主要谈谈在处理语言知识和思辨能力上出现的一些偏颇。

综合课归根到底是一门语言课，对课文的理解是最基本的要素。在教学大赛中，参赛选手应该选取最有代表性、最有可能成为学生理解课文的障碍的一两个语言点进行教学，这样既花不了多少时间，又展示了自己对课文中语言的重点、难点的把握能力和教学能力。但遗憾的是，有些参赛选手忽略了这一点，在讲课中几乎没有涉及语言点，而另一些则在选取语言点时显得有些随意（抑或还没有对语言材料深入地理解和分析），而教学材料中很重要的语言点，如一些语法关系复杂的长句、一些关键的重点句、一些易被误用或文化内涵丰富的词语，则被忽略了。

思辨能力是一个较高层次的要求，也是一个很重要的能力。近年来不少专家学者都在大声疾呼，在英语教学中要重视学生思辨能力的培养。这似乎在国内英语教学界已达成一定程度的共识。但是，思辨必须建立在对课文充分理解的基础上，没有理解，何来思辨？多数参赛选手都把授课的重点放在对课文结构的分析上，这本无可厚非，但理解尚不充分，思辨也就成了无源之水。不少参赛选手的lead-in或warm-up设计得很好，给人的感觉是要上一堂新颖有趣的新课，但学生还没来得及对课文的语言进行理解，参赛选手们便去大讲特讲课文的篇章结构、写作手法、批判性思维、创造性思维等被误认为可以培养学生思辨能力的东西。这其实是对思辨能力的误读、对语篇教学的误解、对交际语言教学的误用。对此，有参赛选手在回答评委提问的环节中曾有过辩解，称其设想是学生已经预习了课文，或前面已经对课文进行了讲解。果真如此，那种给人以要上新课的感觉的lead-in或warm-up，就与此矛盾了。再则，如果预设的是学生已预习或教师已讲解过课文，教学中就必须要有一个检查学生预习结果、确保学生正确理解的重要环节。缺少这一环节，或缺少对精选的语言点的恰当处理，这种教学给人的整体印象就是参赛选手是用囫囵吞枣的方式在处理课文，这样一来，学生在学习时就必然不求甚解，一知半解，知其然不知其所以然，有时甚至不知其然。这不仅是参赛选手个人的问题，也在一定程度上反映出参赛选手背后的团队在这个问题上认识的偏颇。这似乎已成为一种"集体无意识"的行为，在前几届教学大赛中也很突出，长此以往，教风堪忧，学风堪忧。

和往届教学大赛一样，本届大赛参赛选手最突出的优点是英语口头语言能力强，不少参赛选手的口语已逐渐接近本族语者，因此在授课中能创设一个较为真实的语音环境，这与二十余年来我国大力推行交际语言教学、注重教师和学生的口头表达能力分不开。但有部分参赛选手的发音过度美国英语化，如把famous读成famers, focus读成foc(k)ers, campus读成campers, 甚至把China读成Chiner, 以致曾让一位美国外教认为这不是美国英语发音，而是中国式发音。这不能不引起我们的关注。作为一般的英语使用者，只要能比较顺利地基本表达自己的想法，让别人听懂，自己也能听懂别人的英语就足够了，但作为英语教师，具有比较标准的发音应是语言基本功之一。

说课其实就是对自己的教学设计进行理性化的分析，这也是教师的基本功之一。说课一般涉及三个方面的内容：1 理解和分析语言材料，确定授课的难点和重点；2 设计教学内容、教学环节和教学步骤；3 论证教学设计的合理性和可行性。在比赛中，多数参赛选手能在规定时间内提出一个比较合理的教学设计来，但也出现了一些问题。

这次说课使用的是一篇有较多长句、难句的文章，这些长句难句成为理解文本的主要障碍，而且，作者的观点是通过曲折、隐晦的手法表达出来的，如果不认真细读，深入思考，则很难理解作者的真正想法。多数参赛选手似乎都没能真正读懂这篇文章，特别是第三和第五自然段，也没能在说课时明确指明这篇文章的难点和重点。在此基础上，参赛选手们的教学设计就只能利用空泛的固定套路，比较随意地将一些内容填充进各个环节，而且也无法有效地去处理那些关键的语言细节。这种避重就轻、避难就易的设计，体现出参赛选手在理解语言材料时的浅尝辄止和在根据不同教学阶段和教学内容灵活处理各教学环节时的一筹莫展，说明参赛选手的阅读理解能力还有待改进，教学设计能力亟待提高。

这已是大学英语组教师第三次教学大赛了，参赛选手的总体表现是一次比一次好。这说明我们的大学英语教学充满了希望。我们希望能有更多更好的教师参加今后的教学大赛，能更真实全面地反映大学英语教学的进步，在大赛中少一些表演的噱头，多一些创新的尝试，更好地推动大学英语教学的健康发展。

评委点评

(视)听说课评委组组长　杨治中

各位领导、各位老师、各位大赛选手：

受听说组评委的委托，我给本次大赛听说组选手的表现作一简单的点评。

我们的总体印象是选手们表现得都很出色，准备充分，虽说每组讲授的是同一话题，但在紧扣主题的同时，切入点却各有不同，处理的方式体现了独特的视角和风格，课件也制作得十分精致，可谓百花争艳，各放异彩。具体来说就是：

1. 教学目标明确，对要解决的问题心中有数，教学的各项任务安排得当，自成一统。教师在课堂上有较好的驾驭能力。
2. 课件设计生动活泼、形式多样，体现了教师丰富的想象力和创新能力，对教学起到了很好的辅助和支撑作用。
3. 课堂上学生基本上都能有听和说的机会，听和说之间的相互衔接比较合理、自然。
4. 课堂上能注意师生互动，启发学生的兴趣，调动学生的学习积极性，对学生在课堂上的表现做到以表扬、鼓励为主。
5. 课堂教授内容讲解基本清晰，教师英语讲解时语言都比较流利，不仅有利于学生的理解，还对学生听说能力的提高有较好的示范作用。
6. 参加说课的选手在说课过程中能突出重点、找准难点，有较好的针对性，基本符合我国大学英语教学的理念和规范。

在指出优点的同时，想提几点建议和希望，供各位选手在今后的实际教学和其他赛事中作为参考。

1. 明确大学英语的教学目的主要是培养学生的综合语言运用能力，帮助学生打好扎实的英语语言基础。语言基础扎实了，将来在实际工作中的应变能力就强，继续学习的潜力也就愈大。大学英语课堂教学，包括听说课教学，主要是帮助学生学习语言、操练语言，而不是培养学生的创新能力和思辨能力。学生不能用英语充分表达思想主要不是因为缺乏创新能力和思辨能力，而是受了英语语言能力的制约。在英语语言能力相对薄弱的情况下，过多要求学生用英语表达丰富的思想而且要有创新思维和批判性思维，只能是欲速则不达，使学生的英语水平在低层次上徘徊，而不能有实质性的提高。
2. 语言课的本质是教授语言，因而要充分利用课堂教学时间，让学生的学习落到实处，使语言课教学真正富有成效。目前院校普遍削减大学英语教学的课时和学分，课堂教学的时间就显得弥足珍贵。听说课上视频内容的安排和各项活动的安排一定要适度，不能满足于表面上的活跃和热闹，教师也不能只充当视听活动的操作员。教师对教学内容中的要点、难点和语言点一定要讲解，对学生参与的活动一定要有指导、有讲评。对学生的表达不仅注意其内容，也一定要注意其语言的使用。常见的语言错误、典型的语言错误、共性的语言错误一定要记录下来，选择时机予以纠正并辅以练习。此外，教师还应当注意帮助学生安排课外的英语听说活动并给予指导。为了节省课堂上的时间，某些视听活动可要求学生在课前完成，课堂上则主要是检查、讲解和作示范性操练。

3. 为了帮助学生提高英语听说能力，一定要引导和鼓励学生多听多说英语，除了多听多说外，还要多读英语书报、刊物，多上网查阅英语资料。只有多听多读，加大输入，才能增强语感，真正提高说的能力，才能说得有内容、有色彩、有分寸、有说服力和感染力，说得让别人爱听。

4. 本次大赛中，选手们对准备好的内容讲解得都比较流利、透彻，但当学生回答问题不符合要求或答案出乎意料时，往往会不知如何应对。为了能在课堂上有很好的应变能力和驾驭能力，教师就必须加强学习，学习语言理论和语言学理论，研究不同的教学理念和教学法，加强教学实践，在教的过程中不断深化学习。

5. 授课比赛中，选手们讲英语都相当流利，但不时还会出现作为教师不应该出现的语言基本功问题，如在课件中会出现语法、用词和拼写方面的问题，在讲课时会出现发音、重音、语法、用词等方面的问题，有的板书也比较潦草。教师为人师表，自身的语言能力应该有示范和表率的作用，因而语言表达一定要力求准确、要过得硬。这就要求我们自己加强学习，多读多听多说多写，增强语感，增强对语言错误和不规范表达方式的识别能力。

6. 授课比赛中，多数选手都能注意选择一些词语进行讲解和操练，但选择的词语一定要是常用的、活用的、容易用错的或影响上下文理解的，操练过程中一般不要再出现学生不懂的词语。

7. 授课比赛中，不少选手能够注意结合所教内容介绍一些相关的文化渊源和背景知识，这对学生拓宽知识面、提高学习英语的兴趣很有帮助，但在作这类介绍时注意尽量使用学生已经熟悉的词语。有的选手还能引用一些名人名言、警句或谚语，对学生的身心健康和成长有很好的启示，起到了教书育人的作用。

  本次授课比赛举办得十分成功，为所有选手提供了很好的学习和锻炼的机会。不少院校还派了多名青年教师莅临赛场观摩比赛，他们同样得到了学习和交流的机会。我们应该感谢上海外语教育出版社，他们为大赛的成功举办提供了巨大的支持，承担了细致而又繁重的组织工作。他们的这一举措对大学英语教学是一种正确的导向，为大学英语教学提供了正能量，已经并将继续对我国大学英语师资队伍的建设产生积极的影响。我们希望这样的比赛能一届一届长期不断地举办下去，让更多的青年教师得到学习、交流和锻炼的机会，为我国的大学英语教育事业做出更大的贡献。谢谢大家！

杨治中
2013年11月12日

从"外教社杯"全国高校外语教学大赛看我国英语教学的希望和前景

——担任2013年大赛评委有感　唐力行

第四届"外教社杯"全国高校外语教学大赛于2013年11月在上海举行。应大赛组委会邀请，我有幸参加了大赛的评委会，并担任提问评委，观摩了来自全国近30所大学的青年教师的授课和"说课"，并和选手们在有关课程设计和课堂教学等方面作了现场交流。比赛期间还有机会和多位评委和参赛老师对中国外语教学作了更进一步交流。作为一个在国内外任教40余年的英语教师，这次大赛让我看到了我国英语教育蓬勃发展和充满希望的前景。通过这次大赛，我看到了我国青年教师对外语教育的激情、扎实的语言综合能力、新颖的教育思想和教学能力，以及很高的人文素质。我想就以上几个方面谈谈我的感想。

1. 教育激情和敬业精神

参赛老师们在授课过程中表现出极高的教育激情和敬业精神。他们的激情显示了他们对英语教育的热爱和投入，而这种激情也反映在他们的课程设计和课堂教学中。他们表现出对教育和对生活的热爱，以及对学生的热情。面对十多位来自国内外的评审教授，他们个个精神饱满，热情洋溢，教态自然。虽然参加比赛的学生都来自上海外国语大学，老师们连他们的名字都叫不出来，但仍能通过他们的热情和亲和力，在最短时间里感染学生，与他们在语言、思想和感情上作交流。我们可以看到凡比赛中教学激情特别高、对学生感染力特别强的老师，学生也特别乐意与其进行教学互动。

我曾在我的 *TEFL in China: Methods and Techniques* 一书中引用 Richard Via，"You must love your students. Or you must love the subject you are teaching. It is best if you love them both." 我还引用了一个小学生对一个理想的教师的定义，"He has to like teaching us. It's easy to tell if he doesn't, you know." 童言无忌，这些话告诉我们，教师对教学的激情和对学生的关爱是创造有效教学环境和激发学生学习动力所不可缺少的前提。参赛老师们对英语教学的激情和对学生的关爱也可以从参加总决赛的老师们回答评委的问题时显示出来。这次"说课"的课文"Work, Labor, and Play"讨论了 worker 和 laborer 的区别，前者是为了兴趣、热爱工作而工作；后者则是为了养家糊口、为工作而工作。当评委问参赛老师 "Do you consider yourself a worker or a laborer?" 时，每个老师都毫不迟疑地回答，I'm a worker. I love my teaching job, I enjoy working with students. 他们诚挚的眼神和果断的语气告诉我这些话发自他们的内心。

2. 语言综合能力

　　语言综合能力包括教师的学科知识、语言基础知识和技能。英语教师的特点就是英语能力既是学科知识，又是教学技能。所以英语教师的英语能力是能否进行有效教学的另一个关键。这次参赛的选手来自全国各省市的大学，通过层层选拔来到了全国总决赛，代表了大学英语青年教师的最高水平。他们在大赛上的表现出类拔萃，不同一般。他们口语流利，语音、语调标准，用词得当，语言得体。更令人欣喜的是老师们在授课、讲解、启发、引导时展示了他们的语言艺术。他们的课堂用语简洁、形象、易懂，为学生提供了最理想的"可理解语言"(comprehensible input)。

　　老师们的语言能力还表现在他们在授课后回答评审问题时所表现出的反应敏捷、思路清晰和应对得当。绝大多数老师能很快听懂并理解评委所提出的问题，并作出合理的回答。即使对比较意外和尖锐的问题，虽然一时不能找到合适的答复，也能通过敏捷的思维，给予巧妙的回答。观摩比赛的老师们一定还记得某位选手和提问评委的一段对话。大意如下：

评委：　It appears that there's something missing in your teaching procedure. I don't see practice anywhere. Your lesson jumped from comprehension and text analysis to assessment. It's great you do assessment, but isn't it true that language needs to be practiced before it is assessed?

选手：　Well, I think I have included practice in my lesson.

评委：　Really? I don't see it. Show me where it is.

选手：　It's embedded in the assessment. Assessment is a type of practice.

评委：　I don't think assessment is the same as practice. Assessment assesses the results of learning and it often comes after practice.

选手：　Well, I'm afraid I disagree with you. It seems that we have different opinions about the concept "practice."

评委：　……

　　这段问答在评委和选手之间来回多次，速度极快。其精彩之处在于面对评委咄咄逼人的提问，选手没有自乱阵脚。虽然她并没有对问题作出一个合理的答复，但她运用自己的语言能力以及快速灵活的思维作出了她当时所能给的最佳回答。对于这位老师的回答，提问评委给予极高的打分。理由是语言除了用来叙述、描写、解释、推理外，也可以用来说明、解答和争辩。这位老师不就是急中生智、巧妙地运用语言使自己从困境中脱身而出吗？与此相反，也有个别选手没有听清楚问题，急于回答，结果答非所问或离题甚远，影响了得分。其实，选手尽可以要求提问评委重复问题，或通过反问来澄清自己的疑问。总之，语言是活的，要活用。在生活和工作中，我们不可能对每一个问题都有完美的答复，能不能通过技巧地使用语言来澄清、质疑、求证是一个优秀的外语教师应具备的语言能力，也是应当传授给我们学生的交际策略之一。

3. 教育思想和教学能力

一个教师的教育思想和教学能力反映在他的教学目标的设定、教学设计和实施教学的方法中。这次比赛中，每个选手都设立了明确的教学目标和达到目标的教学步骤。文秋芳 (2012) 指出综合英语课的总体教学目标是，"培养学生以读、写、译为主的英语综合应用能力、跨文化能力、自主学习能力和提高学生综合文化素养"。几乎所有的选手都在不同程度上按这个方向为自己的授课和说课设立教学目标。老师们也如束定芳 (2013) 所指出的，能考虑到教学对象的程度和教学要求，"基本上能够做到因材施教，把教学目标设定为批判性思维能力和语言技能训练两大方面。"

几乎所有的选手在教学中都设计了培养学生批判性思维能力的教学活动，有一半以上选手则明确地把批判性思维能力列入了他们的教学目标中。顺便要加一句的是，这次大赛组委会选材极佳，课文主题包括了教师解放学生思想和能力之功能、人口老龄化、对下一代儿童的教育、如何克服各种不良瘾习、新时代成功之秘诀、成功 (美国梦) 的定义、如何培养对数学的热爱以及对工作和休闲的态度等内容。这些课文内容富有时代感、人文性和思想性。参赛老师让课堂教学紧扣课文主题，但又不让教学局限于课文。许多老师把教学内容扩展到对一些国内外真实事例的观察和讨论，这些材料紧扣学生的现实生活，具有时代气息和真实的语境。在这个基础上，教师组织了有意义的教学活动，引导学生发现、提出问题，帮助学生通过独立思考或合作讨论探讨问题。这种新颖的探索性的教育思想和教学设计令人耳目一新，但是这样的教学设计也有它的误区。有些老师顾此失彼，把注意力和授课时间过多地放到了扩展材料上，对课文的理解和学习反而被忽略了。

在培养学生语言能力方面，老师们均注意到语言综合课应当同时培养学生的听、说和交际的能力。这可以在他们选择的教学活动方面反映出来。有三分之二的老师运用了视频和视听材料来培养学生的听说能力、组织具有交际意义的语言实践活动。在读、写能力培养方面，大多数老师采用了由上而下(top-down approach)和聚焦意义的教学模式 (focus on meaning)，通过快速阅读(skimming and scanning)、寻找主题思想 (looking for main idea)、课文结构分析(text analysis)等教学活动，培养学生的阅读理解能力和技巧，进而培养学生的自主阅读和学习能力。

根据粗略统计，绝大多数老师在授课中采用了快速阅读 (skimming and scanning) 或课文结构分析 (text analysis) 的教学活动。只有不到一半的老师对词汇作了释义，仅4人对词汇作了深入学习和拓展练习。大多数老师在他们的教学目标里没有语言学习这个项目。以下是两位选手在其PPT上展示的教学目标：

选手1	选手2
1. Knowledge — main ideas	1. Text analysis: Skimming and scanning
2. Ability — skimming and scanning	2. Writing skills: Illustration
3. Awareness — loving and caring	3. Approaching the theme

在说课的过程也出现了类似的情况。尽管说课所用的课文是一篇有相当语言难度的文章，绝大多数选手还是采用了由上而下和聚焦意义的教学模式。课文中的一些颇有难度的复合句几乎没有人注意到，更没有人对这类句型的结构、意义和用法作分析、讲解和练习。在提问过程中，我多次问选手课文中有哪些语言点需要介绍和深入学习、练习，得到的答复都不如人意。大赛之余，和几位选手谈起我的困惑，听到了几种解释。除了认为语言形式教学不再是现代语言教育的重点、不合潮流外，还有时间的局限性和大赛因素。说课前每个选手仅有30分钟的时间作准备。大多数选手把精力集中在教学目标的设定和教学活动的设计上，没有太多的时间深读课文、研究语言点。此外，大赛的性质使选手们对语言形式特别是语法教学退避三舍。选手们宁可教语言修辞，如头韵、比喻、讽刺等，也不愿教句法结构，理由是教语言难，教语法更难，容易影响比赛授课质量。

重语言交际而轻语言知识，重课文意义而轻语言形式，重课文修辞结构分析而轻词汇和句法学习的趋势应当引起英语教育界的重视。事实是世界外语教学的发展已经从20世纪60年代聚焦形式的教学模式(focus on formS)，经过70、80年代聚焦意义的教学模式(focus on meaning)，发展到目前广为采用的以意义和语言相结合(focus on form)的教学模式了。重语言交际而轻语言知识和能力的教学模式从理论和实践上都被证明是有缺陷的。学生口语似乎挺流利，但语言准确度不够，语法错误多，句型使用单一，高层次的语言表达和运用如写作、辩论等能力低下，创造性使用语言的能力更弱。在阅读教学方面，这次大赛中广为采用的是偏重意义和语篇结构的自上而下的教学模式(top-down)，可是当前世界上却是有更多的外语教师采用top-down 和bottom-up 两种策略相结合的折中教学模式(Interactive approach)。他们根据课文的内容、结构和难度，以及教学目标和需要，既重意义和篇章结构，也讲解语言点，教授语法和词汇。

语言知识，特别是语法知识、构词法、词汇学习是必须的。Chomsky曾经说过，语言规则的数量是有限的，但是根据这些规则而创造出来的语言是无限的。刘道义提出我们"学习知识，特别是语法知识，是为了更好地实践，有助于学生培养自学能力，让学生能够正确地使用语言，形成言语技能，并能发展成运用语言进行交际的能力。语言知识要学，但应该精选、好懂、管用"。因此语法还是要学，只是我们不能像以前"以语言形式为中心"(focus on formS) 时代那样学，而应尽可能在语言实践和应用中教与学，将语言知识转换成技能，进而发展成交际能力的一部分。同样，词汇也要学，但不能死记硬背,而要活学活用,教学手段要多样化,培养学生对英语词汇学习的兴趣和自主学习的能力。

外语教学已进入了"后教育法"时代。没有任何一种教学法是万能的。无论是听说法、交际法、任务型教学,还是以语言为重心或以意义为重心的教学法,都有其优越性和局限性。一个优秀的外语教师应当根据他所面临的教学实际和学生需求来选择教学方法,根据实际需求的变化而变化,调整他的教学设计和教学活动。这就是我们常说的"教学有法,教无定法"。

4. 创新精神,以人为本的教育意识

这次大赛中另一个亮点是参赛老师们的创新精神和强烈的以人为本的教育意识。他们的创新精神特别表现在他们的教学活动设计和现代化教学技术的运用上。几乎每个选手都制作了图文并茂的PPT,采用了音响、视频、电影片段、多媒体等电子教具,使教学形象直观、生动,创造了极其有效的语言环境。更值得一提的是,不少选手的PPT设计别具一格,有相当高的艺术性,选用的图片、配套的音频、视频和故事质量高,起到了活跃和优化教学的作用。

如果PPT的制作是技术上的创新,那么以人为本的教学则是教育意识上的创新。在这次大赛中,我感受最深的就是绝大多数老师一改传统的以教师为中心的教学,转而采用了以学生为中心的教学。具体表现在老师们在授课中所表现出的教师多种职能,他们既是讲师,讲解课文、分析难点,又是组织者,组织教学活动和带领小组讨论,更是引路人,指导学生自主学习,引导、启发、开阔学生的视野和思路。

有的老师把学生的情感态度、跨文化能力列入了教学目标,在教学中提供许多包含着中外优秀文化价值和情感教育的语言材料,培养学生人文素养、跨文化交际能力和批判性思维能力。例如,在教授"When an Aging Mom Becomes the Child"一课时,许多老师带领学生探讨当前社会老龄化以及如何照料老一代的社会问题;有一位老师给学生一个回家作业,要大家作一个社会调查,看年轻一代为自己年老的父母长辈做了些什么;也有老师要求学生给自己父母打个电话或写封信感谢他们对自己的养育之恩。在教授"Success"一课时,几乎每个授课老师都引导学生讨论金钱和成功的关系以及当前社会上充斥着的金钱至上的观念。老师们的教学如此贴近生活,带有时代的气息,引导学生面向世界,面向未来,充分体现了人文主义教学理念(humanistic approach to teaching),那就是通过教学培养学生成为有思想、有情感、有自主学习能力的人(educate the whole person)。

最后,还想提出一个值得我国英语教育界关注的问题:如何克服不同地区英语教育师资差距?从这次大赛可以看出,来自沿海地区和大城市的教师明显比来自内地和边远地区的教师程度要高。这次大赛的两个一等奖获得者分别来自上海和北京的学校。2012年第二届大赛的两个一等奖获得者也分别任教于天津和武汉的高校。很明显地理优势为他们带来了人力和资源方面的优势。如何让所有的教师，特别是来自基础较薄弱地区的老师，尽快提高教学质量，缩小地区和学校之间的差距，是对中国英语教育界的一个挑战。

这次大赛让我们看到了一批优秀的青年英语教师以及他们身后的团队，看到了我国英语教育的希望和美好的前景。

感谢主办单位，为中国英语教师创造了这么一个平台，让老师们有机会展示、交流并一起探讨英语教学。

组委会特别荣誉奖　综合课组一等奖　陶鑫

参赛感言： 备赛是快速成长和蜕变的历练，参赛是碰撞思维火花的兴奋，赛后思考是洗尽铅华之后的冷静与沉淀。我会带着大赛给我的启发，继续前行。

选手简介：

陶鑫，任教于首都医科大学。2009年毕业于安徽大学外语系；2012年毕业于北京外国语大学，获语言学与应用语言学硕士学位。2013年5月获第四届"外教社杯"全国高校外语教学大赛北京赛区综合组特等奖。

教学大赛助我成长

陶鑫

三天的比赛转瞬即逝，但是带给我的冲击与震撼却是刻骨铭心的。依旧记得赛场上评委们鼓励的眼神、选手们自如的表现和工作人员细致的服务。感谢外教社给青年教师们提供了一个展现自我的舞台，让我们得以近距离与专家交流、与同行切磋。这样的经历对于一个青年教师是弥足珍贵的。

我一直觉得自己很幸运，能够拥有一份自己热爱的工作。这份热爱让我愿意不断反思教学理念，摸索促进学生学习兴趣和效果的方法。爱因斯坦说过"Education is what remains after one has forgotten everything he learned in school."我希望学生在离开教室以后，仍然拥有对英语的兴趣和热情，仍然记得学习英语的方法。我在课堂上除了讲解词汇与语法外，更加关注对学生人文精神的培养。我鼓励学生用学到的语言去反思生活，谈论社会热点，欣赏真、善、美。当学生学着用另外一种语言去思考自己、思考人生的时候，他们就会收获一种新的思维方式，看到一个不一样的世界。为了激发学生的表达欲望，我会开展各种各样的活动，如辩论、话剧、小组展示、演讲等，让他们积极主动地开展探索性学习。这些产出活动可以调动学生学习词汇与语法句式的欲望和动机，带动他们主动学习。

不得不说，备赛的半年是我成长最快、收获颇丰的半年。收获来自于与同事的交流、与同行的交流、与评委的交流。这次成绩的取得，和首医同事们无私的奉献和分享是分不开的。我抽到的题是How to fall in love with math，文章从内容到语言都有相当的难度。学系为了教学展示专门组织了三次研讨会，精心打磨每一个细节。依旧记得青年教师学术沙龙上，大家深度挖掘授课材料的场景，一个个金点子在思维的碰撞中迸射而出；也忘不了技术支持一遍遍制作课件背景的细致和耐心；更忘不了领队卢凤香老师和刘娟老师专业的指导和悉心的照顾。

三天的比赛让我结识了很多优秀的选手，他们优美的发音、沉稳的教姿、开阔的眼界让我意识到教无止境。同样是讲数学这篇文章，同组选手有的从自然界的螺旋纹切入，引申到数学之美；有的聚焦文章的写作风格，教学设计独到新颖，让人大开眼界。最让我感动的是赛场上那些从事一线教学十多年的老师，他们依然充满热情、精益求精。从这些同行身上，我学到的是敬业精神和专业素养。

赛场上评委的点评也是字字珠玑，发人深省。唐力行教授的提问直指教学中的关键问题，课堂上如何提问、如何纠错、如何将批判思维的培养渗透于整个教学环节中，这些问题都值得我思考。所有评委老师对年轻老师的肯定和鼓励让我们深受鼓舞。

通过大赛，我也意识到，成为一个优秀的英语教师不仅需要扎实的语言基本功，还需要深厚的人文素质、丰富的人生经历和积极的生活态度。多读书、读好书，应当是我们职业生涯中不可或缺的一部分。

比赛已经结束，我会将这段经历牢牢铭记，将从大赛中学到的先进教学理念带回课堂，上好每一次课。感谢大赛给我的职业生涯绘上了浓重艳丽的一笔，让我带着满满的信心，继续追寻我的高等教育之梦。

授课点评

史志康教授点评：

总的来说，参赛老师授课教学目标明确、布局合理、时间紧凑、内容丰富，学生参与度高；参赛老师英语语言纯熟，表达具有很强的逻辑性和条理性，取得了极佳的课堂效果。具体评说如下：

良好的开端是成功的一半。在讲述课文之前，参赛老师给了三个数学等式，而后又给了一颗红红的心，正当听课者对两个画面感到困惑的时候，参赛老师适时亮出授课材料的主题思想："怎样爱上数学？"应该说，这是一篇难以进行教学的材料，也是一个难以用合适的方法一下子抓住学生的注意力、让他们投入课堂学习的主题。在这一方面，参赛老师动了一番脑筋，并取得了积极的效果。

接着，课堂教学进入热身阶段。这一阶段要求学生进行"头脑风暴"，而后听一篇文字。"头脑风暴"的主要任务是学生用一个词来描绘在数学课的情感，结果发现对数学的态度是不一致的，有的人感到紧张，有的人感到困惑，有的人沮丧，但也有人感到数学是美丽的，数学是有趣的。"头脑风暴"是合适的、有效的，为顺利过渡到课本教学铺平了路。

参赛老师提出三点教学目标：1) 知识层面：学生应该明白数学之美；2) 语言技巧层面：学生学会描绘对某一个主题的种种情感；3) 学生应该学会对某一个主题的欣赏与批评。教学步骤分别为：1) 快速阅读，寻找主题；2) 理解字里行间的隐含意义；3) 欣赏与批评。

在整个教学过程中，最值得一提的是参赛老师对课文布局及主要内容的极其详尽的分析。参赛老师指出，课文的第一至第四段落是提出问题所在，即缺乏对数学之美的欣赏；课文的第五至第七段落是提供解决问题的方案，即欣赏与数学相关的思想；课文的第八段落指出数学的前景。至此，参赛老师远远没有止步，继续一个段落接着一个段落细致分析，步步推进，取得可喜的成果。

参赛老师设计的Word Network练习也值得褒奖，简单地说，这个练习将课文中相关的近义词以及反义词串联在一起，形成网络，便于学生学习与记忆。

最后，我还想谈谈参赛老师对一个提问的回答。当被问应该怎样处理像"怎样爱上数学？"这样的教学材料时，她认为我们不应该将重点放在数学术语上，而应该更加关注描绘情感的内容。我认为，这个回答是正确的、明智的，因为教授的课程是英语，而不是数学。

总之，参赛老师积极开动脑筋，喜好教学，善于教学，始终能围绕课文主题、课文中出现的语言现象进行教学，详略得当，注意引导学生，注意调动学生的积极性，英语规范、流利，方法灵活、恰当，取得了很好的教学效果。

王俊菊教授点评：

陶鑫老师的教学演示题目是How to Fall in Love with Math。从主题和语言的角度看，这篇课文并不好讲，但陶老师通过扎实的语言基本功和娴熟的课堂教学技巧给我们展示了一堂成功的外语教学。她的教学有讲解、有演示、有提炼、有思考，富有启发，值得反复观看、研摩、学习。

在Lead-in部分，陶老师用了三个数学公式直奔主题，开门见山，富有吸引力，给人的感觉是耳目一新。

陶老师的教学目标包括知识、技能、思维等不同维度，分别为：1) to understand the beauty of math, 2) to learn to describe feelings towards a subject, 3) to think critically about the theme。这样的设计有理解、有产出、有思考，可谓设计定位准确、安排合理、点面结合、重点突出，从语言技能的训练入手，实现了语言能力培养，既符合大学英语课堂的特点，也符合大学英语课程的教育目标。

接下来的教学环节由Read for the Theme、Read between the Lines、Critical Appreciation等部分组成，与前面提及的教学目标恰当呼应。特别是Read for the Theme环节，从语篇入手，涉及8个段落，要求学生根据"问题—办法—设想"（problem-solution-prospect）的思路进行快速阅读，在很短的时间内就完成了快速阅读技巧的讲解和练习，还涉及段首句、支撑句等段落发展的常用技巧；通过给出关键词汇首字母的方式，引导学生快速检索，有效利用课堂时间，还有助于降低学生的课堂焦虑，不失为一种有效的教学手段。

陶老师还设计了brainstorming、spot dictation、individual work等课堂活动。不难看出，大脑风暴活动做到了以学生为中心，重在引导，涉及学生的情感因素，让学生讲述真实的感受，学生的参与程度好，给学生的机会较多。而填空练习也做到了总分结合，让学生总结本课要义的同时，提炼出关键词汇和重点词汇。

最后，陶老师引用了罗素在The Study of Mathematics中的名言，对课文主题进行了完美的升华和提炼，并由此引入下一环节的课后练习，衔接自然，运用恰当。她布置的作业涉及阅读、听力、表达等技能的综合运用。更为巧妙的是，她布置了"How to Fall in Love with English"的作业，一字之差，体现了老师的精妙设计，使学生通过学习课文，总结数学之美，并通过对比，发现数学和英语共享的东西，不但再次归纳了课文内容，还可以产生移情作用，让学生对英语的特点和作用进行理性思考，由此喜欢上英语学习。陶老师将教学和教育有机结合，值得赞赏和推荐。

在问答环节，陶鑫老师较好地解释了自己的教学思考、教学理念，对大学英语的教育目标有比较清晰的认识，对Content-based teaching、Scaffolding等概念有正确的理解和界定。

整体上看，陶老师的教学可谓目标导向、路径清晰，做到了主次分明、衔接自然、环环相扣，并把听、说、读、写等技能的培养有机结合起来。PPT课件画面清爽、重点突出、巧妙利用各种颜色突出不同内容，起到了画龙点睛的作用。

陶老师的语言流利优美，顺畅自然，表情丰富，课堂掌控力强，启发性好，毫不吝啬对学生的表扬。她的教学信息量大，涉及重点句子的讲解和重点词汇的讲解与练习，有总有分、节奏分明，较好地体现了综合课程的特点。

稍显不足的是，导入部分用时较多，但Critical thinking环节过于仓促。另外，陶老师的语速稍微有些快，从张弛的角度看，张的成分多，弛的成分少，可能造成学生的学习心理压力。

说课点评

史志康教授点评：

在整个说课过程中，参赛老师主要谈了自己对授课材料的分析以及教学计划。参赛老师认为，work, labor, play是贯穿整篇材料、占据主导位置的三个关键词，所以首先对其进行了简略的分析。随后的分析表现出参赛老师很具特色的方式，即用较快的语速，凭借清晰的语音，用规定时间中的较小比例，对授课材料进行了极其细致的分析，几乎覆盖主要观点、支撑主要观点的细节，其中包括工作与劳作之间的差异、工作者和劳作者对待休闲的态度、甚至现代社会技术的发展对工作与劳作的差异所产生的影响等等，这一切都给人留下深刻印象。参赛老师那流畅的语言、包罗万象的陈述令人惊叹。我相信，在一般情况下，无论是身临其境的老师还是学生，都会由衷地感到她是一个英语语言成熟、思维活动敏捷的人。最为了不起的是，成熟的语言能够跟上敏捷的思维，将丰富的内容有条不紊地展现出来。其优点是内容丰富、言之有物，但是这种方式又可能给人一种负面印象，即缺乏重点的面面俱到往往使听者不得要领。

根据合适的对象做合适的事，这是做任何事取得有效成果的先决条件。谈到教学计划时，参赛老师首先指出，这是综合课程。既然是综合课程，它必须让学生在语言习得、知识获取和认知技能改善等三个方面实实在在地受益。参赛老师认为，根据授课材料，她首先设法让学生理解劳作与工作的区别、劳作者与工作者的区别，理解他们对待休闲的不同态度，明白课文作者的基本观点以及西方学者、思想家对工业技术高度发展对人所产生的影响的思考。接着，参赛老师强调语言知识，并从所给材料中选出实用的单词、表达甚至句型，通过练习的方式，让学生习得相关语言知识。之后，她又强调怎么帮助学生获得认知技巧，特别强调批评性思考的问题。

怎么达到这些目标呢？参赛老师提出，学生应该预习，并通过看录像进行讨论，进入"预热"阶段，随后通过快速阅读、结构分析、填补表格等练习，进入"实质性"学习阶段。最值得嘉许的是，参赛老师反复强调语言练习中的细节问题，比如要反复做the more...the more结构分析，用in contrast等短语进行操练，并且着重培养批评性思考能力。参赛老师回答问题十分精彩，在回答问题过程中，她提出了英语学习中一个根本性问题，即学生应该独立自主学习，从长远来看，英语不是通过老师教而习得的，而是通过自身努力去获得改善、提高的。当被问到怎么处理有语言难点的句子时，她认为，老师不应该直接给予答案，而应先让学生讨论分析，而后老师再提出自己的观点。这些观点是符合现代教学理念的，触及了外语教学的一些关键问题，值得教学组织者认真思考。

刘正光教授点评：

应该说，本次比赛的说课内容"Work, Labor and Play"选材十分精当，语言知识丰富，思想性强，表达清晰严谨，篇章结构完整，非常有利于学习者在提高语言技能的同时，培养批判性思维能力和交际能力。课文具有以下两个主要特征：（一）内容较难，体现在四个方面：1) 句子表达的概念内容层次复杂、逻辑性强；2) 句子的结构关系复杂；3) 一些常用的结构稍加变化和修饰后，意义发生改变(only too...to)；4) 学生直接的相关经验知识较少，需要很多理性思维才能真正理解。（二）有很多结构和表达方式需要重点讲授，十分适合学习者模仿使用。

综合课（实际应该是读写课，因为"视听说"作为另一种课型，另分一组）重点是阅读能力和表达能力的培养与提高，即阅读技能的培养与语言知识与技能的掌握与运用。那么，阅读既是目的又是手段。具体而言，本说课内容的重点与难点应该是：（一）充分、准确理解课文的思想观点，体现在两个方面：概念内涵的严谨性、逻辑性；（二）熟练掌握其语言表达方式，同样体现在两个方面：1) 复合句 (complex sentence) 将概念内容的层次性、逻辑性有效地体现出来，2) 精确呈现概念内涵的细微差异的"比较"与"态度"的各种表达方式（显性的、隐性的）。

陶鑫老师的说课具有以下几个可圈可点之处。

1. 教材处理能力较强。如上所述，本课文内容有两个重点难点，陶鑫老师较好地抓住了这两个重点难点，并以此为出发点，设计教学过程，安排教学活动，选用教学方法和手段。整个教学计划重点突出，思路清晰。

2. 教学理念清晰，方法运用自如。陶鑫老师要求学生在自主学习过程中，通过task-based的途径（回答问题时阐明了）完成上述两大任务，实现语言能力与思维能力的同步提高。

陶鑫老师将对课文主题思想的理解分解到两个任务中：(1) 小组分析讨论全文结构和主题思想；(2) 将全文的主题思想浓缩成一个图表，要求学生补充完整。这样比较有效地调动了学习者的主观能动性，将课堂教学时间和活动集中到批评性阅读和重点语言知识（态度意义的表达方式）的讲解与训练上了。

3. 重点突出，力求一课一得。陶鑫老师在播放warm-up的视频时明确要求学生重点关注情感态度的内容和相关语言表达方式，并巧妙地将这些语言知识与技能操练和主题拓展的内容有机结合起来，融入到lead-in和随后的写作任务和role play的辩论中。

陶鑫老师用非常准确、流利的语言清晰、完整地呈现了整个授课单元的教学内容、教学过程以及相关的教学手段和教学活动，体现出较强的课堂驾驭能力、组织能力和较好的知识结构，反映出陶老师教学理念明确、方法恰当灵活、思路严谨、过程清晰，也展现出陶老师稳重、自信的气质。

以下两个共性问题供进一步思考。

1. 节奏的把握。说课体现的是教师对教材内容的处理能力、安排教学活动、选择合适的教学方法、实施教学过程等的综合能力。本次比赛中，几乎所有选手都将说课内容分为两部分：课文内容理解说明和教学计划。说课的时间只有十分钟，因此课文内容理解最好控制在2分钟左右，主要概述重点难点是哪些内容。绝大部分时间应该用来阐述重点难点的处理方法、教学活动的设计与实施路径、语言技能的操练与运用、主题拓展的方式、课后练习的处理等。

2. 语言难度的认识。一篇课文难度主要因素不在生词量,而在于表达的思想的复杂性、语言结构的复杂性、语言组合的灵活性等因素。本次比赛中,几乎所有选手都认为本篇课文难度不大,回答问题时却又说看懂不容易。这就部分说明了,为什么学生记忆了很多单词甚至语法条文,但阅读理解能力却仍然不强、思维能力难以提升这样一个普遍的问题。

综合课组二等奖 李惠胤

参赛感言： 勇敢不是不恐惧，而是心怀恐惧仍依然向前，我很庆幸自己又勇敢了一回。

选手简介：

李惠胤，江西人，硕士毕业于云南大学，主攻美国研究方向，后任教于广东外语外贸大学英语教育学院。教授综合英语、西方文化、英语文学赏析及商务英语等课程，深受学生好评，多次获得本校教学优秀奖一、二、三等奖；2013年第四届"外教社杯"全国高校外语教学大赛大学英语组广东赛区综合组第一名。

我的比赛历程

李惠胤

作为一名普通的大学教师，我没有漂亮的脸蛋，没有娇美的身段，没有名校的光环，没有傲人的背景，也没有让人羡慕的学术成就，更没有什么过人的特殊才能，所以，我一直告诫自己：要对得起国家发的工资，要对得起自己的职业，认认真真上好课。十多年来，自己也确实是这么做的。兴许是习惯了普通，觉得普通是自己最能惬意生活的快乐源泉。所以当董金伟院长告知有教学大赛的通知时，我心里开始想到的只是"只要不是我就行"，从没想过自己这样普通的老师也能参加大赛。后来，院长几次亲自做我的思想工作，不断鼓励和劝说，实在说服不了院长也不知道如何拒绝，于是就硬着头皮上了战场，没想到自己居然一路走了过来，更没想到最后还能获奖。

十多年的教学生涯，或许可以说早已习惯一切，匆忙也好，淡定也好，不管学生好教与否，课程好上与否，生活总是这么按部就班地进行，很少静心细细地、系统地对十多年的教学进行一个反思。而这次教学竞赛给了我这个机会，让我重新衡量、审视自己和自己的教学。

从学校的选拔赛到全国的总决赛，在这大半年的时间里，大学和学院领导、同事及朋友给了我很多的关心、支持和鼓励，自己每每想起，都要感动良久。尤其是全国比赛阶段，拿到教学材料后一直未能定下有特色的上课形式，纠结许久，深深体会到了什么是夜不能寐、食不甘味。苦想两日之后，终于有了些思路。拿着这个思路，我首先征求了研究生时期的老师徐覃松教授的意见，他大为开心，一路鼓励指点我；然后我又征求了许多老师和同事的意见和建议，同时慢慢地摸索着后面的教学环节。后来在学院组织的公开课上，我的想法和教法不断受到挑战，而每每又总能给自己带来新的思路和启发，促使自己不断改进教案，尽管过程非常痛苦。去上海比赛的前两日，因为听到了不同于自己教法的声音，自信心一度跌到谷底，不思茶饭、焦心难熬。董金伟院长又及时给我鼓励打气，肖建芳副院长百忙之中抽空跟我探讨教法，好友宁大利一直陪伴左右，同事曾丹坚定地告诉我我肯定能做好，同事张艺琼帮我润色课件，还有无数同事和朋友的关心和鼓励，这一切让我甚感宽慰。我告诉自己一定要努力做到最好，只有这样才能回报大家的厚爱。在上海决赛期间，好友宁大利一直忙前跑后，为我尽心尽力地准备比赛所需物品，陈金诗副院长放弃舒适的星级酒店，跟我们一同吃住，不停地为我鼓劲打气，甘心做有力的后勤保障……半年来所有这些点点滴滴，时不时涌上心头，让我在深秋的凉意中感受到无比的温暖。这不是一家人还能是什么？有了大家庭的关爱，比赛进行得很顺利，自己也特别享受比赛的过程，有很多愉快的细节让人难以忘怀。其中决赛时跟专家评委唐力行教授的对话给我留下了特别深刻的印象，他儒雅的风度、渊博的学识、宽阔的胸怀和对教育事业的无限热爱，深深地感动了我。

站在领奖台上，回顾这大半年的经历，让人百感交集。我深切地感受到我身后这个团体所迸发出的巨大能量，这或许才是我能获奖的最重要的原因。

最后，感谢上海外语教育出版社为我们提供了这样一个极好的平台，让我们有机会更好地了解自己，了解中国的英语教学。

授课点评

史志康教授点评：

授课由引子、教学目标、教学步骤以及课外作业布置四部分组成。总的来说，安排科学合理，时间紧凑，内容丰富，教师授课与学生参与有机结合，教学效果甚佳。具体评说如下：

一、引子恰当

因为授课基本材料的主题思想是"教师应该是学生的解放者"，因此，授课老师在进入授课材料之前，提出了一个"什么是解放者？"的问题，随后提及孙中山、林肯，认为他们是伟大的解放者：前者使中国人民从封建制度中解放出来，后者使美国黑人从奴隶制中解放出来。随后，她又提及孔子及苏格拉底，两人都是伟大的思想家，把我们从传统思想的桎梏中解放出来，给了我们思想自由的启迪。此时，授课老师自然过渡到"老师是一个解放者"，因为真正伟大的老师解放我们的思想，鼓励思想自由，帮助打开学生的头脑之锁，让学生有想象力，有好奇心，去探索头脑中未知的世界。

二、教学目标明确，教学步骤合理

她的教学目标为三点：1) 学生应该明白"为什么说一个优秀的老师是一个解放者"；2) 学生解放思想，会用自由的表达方法来讨论"解放思想"的主题；3) 学生应该评估不同的教学方法，并且通过评估不同的教学方法达到进一步理解"解放思想"主题的目的。

教学步骤分别为：1) 讨论基本材料的主题思想；2) 构建材料作者塑造的"老师作为思想解放者"的形象；3) 理解并讨论两种不同教学方法的观点及产生的结果。

教学目标与教学步骤不仅围绕课文主题，而且进行了合理的延伸，拓展和深化了课文主题。比较可贵的是，授课教师最后又根据课文作者的基本思想，给出了一个结论性陈述："A teacher taught up, not down."即老师应该引导学生积极向上，探索、拥抱生活，而不应该给学生负面影响，使他们消极被动地对待生活。真正伟大的老师，他不会停留在单单讲述课文的层面上，他会想方设法引导学生开动头脑，积极探索。真正伟大的老师会引导学生把学习的过程看作不断探索、不断发现的征途。这些观点不仅涉及材料作者的主要思想，同时也能启迪听课的学生，达到了忠实课本、高于课本的目的。

三、课外作业布置强化、深化主题

在给学生布置课外作业时，授课老师恰如其分地援引了William Arthur的理念："The mediocre teacher tells, /The good teacher explains, /The superior teacher demonstrates, /The great teacher inspires."即"平庸老师讲述课文；佳好老师解释观点；超级老师演示思想；伟大老师激发灵感"。

综上所述，授课老师英语规范，语音语调悦耳，备课认真，授课细致，速度不紧不慢，给人一种优雅稳重的感觉，达到了教学目标，取得了可喜的成果。

王俊菊教授点评：

李惠胤老师的教学演示题目是The Liberator: Bill Grattan，除了开场白和最后的布置作业外，主要教学环节由(1) Discover the main ideas; (2) Construct Bill Grattan's image as liberator (focus and difficulty); (3) Share opinions on two teaching approaches 等三部分组成。

李老师的Lead-in部分比较精彩，在2分钟的时间内提到了孙中山、林肯、孔子、苏格拉底、马丁·路德·金等古今中外的重要人物，既与课文主题相关，又涉猎了跨文化知识，引入自然。

接下来的教学环节围绕三个教学目标展开，李老师希望学生们通过学习(1) can understand a great teacher as a liberator; (2) can use the liberating thoughts in discussion; (3) can evaluate different teaching approaches，并有针对性地设计了小组讨论、同桌讨论等互动方式。其中，对文章要义的概括部分用了近12分钟，耗时过长，但对优秀教师特质的总结概括很到位，利于培养学生的综合归纳能力。在语言方面，李老师涉猎较少，主要讲解了课文中的两个句子以及与migrate有关的派生词，涉及e-和im-等前缀的意义与使用。该部分的教学进度安排相对合理，多媒体课件PPT的画面比较清爽，突出了重要信息，起到了有效补充和提纲挈领的作用。

布置的课外作业与所学课文的关联性大，和课文主题形成了很好的呼应，利于学生对课文内容进行复习并把重点词汇运用到写作任务中，形成了一个良性循环过程。

李老师在问答环节的对话自然，应答得当，但对第一个问题的回答有些急促；对教学理念的解释不是很清楚，只讲了要做什么，没有解释为何这样做。

整体看来，李老师具备了优秀英语教师的素质。她语言基本功好，发音清晰，语音语调自然流利，语速适中。她的教学准备充分、富有启发、互动性好，对课堂的掌控做到了收放自如、张弛有度，给人的感觉和蔼可亲、清新自然。

不足之处在于：李老师的教学展示主线清晰，但层次感不强，重点和难点突出不够。此外，教学目标的设定有较大的改进空间，课堂上学生虽然听了很多，做了也不少，但在语言知识、语言技能方面的提高并不明显。李老师注重了课文要义的讲解，但缺少对重点段落的细读和讨论，而这是综合课程应该重点实施的教学环节。

说课点评

史志康教授点评：

整个说课主要由两大部分组成：对授课材料的理解、教学计划。如何抓住授课材料的主题思想，用最为简洁的语言来表述主题思想，这是优秀老师的基本功。参赛老师指出，课文的题目是"Work, Labor, and Play"，主要讨论工作、劳作以及游戏之间的区分和不同人对于休闲的不同态度，认为课文主要提出了三个问题：1) 工作与劳作之间的差异是什么？2) 工作者与劳作者之间的差异是什么？3) 工作者和劳作者对待休闲截然不同的态度是什么？随后对三个问题提出了自己的答案。参赛老师解释道，纯粹为钱而付出辛劳的叫labor（劳作），纯粹追逐快乐，为喜好、开心投入时间的事，叫play（玩耍），介于两者之间的为work（工作）。这种解释将work, labor, play三者之间的差异关键点说得明明白白，而且生动、简洁，容易为学生所接受，容易在学生的头脑里留下比较深刻的印象。

参赛老师说课主体部分则是教学计划。参赛老师首先指出，授课主体为40名左右非英语专业的两年级学生，他们基本上20世纪90年代之后出生，因此，他们有热爱学习、知道如何学习、知道如何获取信息等长处，但是，他们英语语言方面还有薄弱之处，比如语法、词汇方面有不少地方有待于进一步提高，批评性思考还没有形成习惯等。在对教授对象基本情况分析的基础上，参赛老师提出了教学目标：1) 帮助学生理解课文，理解劳作与工作的区别、劳作者与工作者的区别，理解他们对待休闲的不同态度；2) 帮助学生攻克有语言难点的句子，特别是虚拟语气、独立结构等，扩大与主题相关的词汇量；3) 帮助学生重新审视课文里提到的种种观点，并且在理解课文主要观点的基础上，提出自己的观点。这种教学目标在三个层面上完成了英语授课的任务：1) 在语言层面上，帮助学生不断地学习新知识，取得新成果；2) 在思想层面上，帮助学生拓展视野，使他们能够更加细腻地感受到人生的丰富性和多样性；3) 帮助学生在分析原有的传统观念基础上，大胆提出自己的观点。因此，这种教学目标是合理的，也是值得嘉许的。

怎么实现这些教学目标呢？参赛老师提出了三大步骤：1) "开胃"部分。参赛老师提出用电影剪辑作为引子，让学生看到不同的人对待工作、对待休闲有着不同的看法，让学生自主评判并决定工作、劳作之间的差异以及自己的选择。2) "主菜"部分。这部分又细分为三部分：第一部分是快速阅读，寻找授课材料中的主要思想；第二部分，将学生分开，分别要求每个学生对某一个或几个段落进行比较深入的细读，然后，请同学将自己细读之后的感受在班上进行交流；第三部分是重点讲解，即参赛老师讲解课文最后的句子及写作技巧。3) "甜品"部分。参赛老师将主要思想重复一遍，并做出结论。

值得一提的是，参赛老师在回答部分表现特别精彩，她不但完美地回答了问题，而且没有"趋炎附势"，盲目跟从提问老师；相反，她坚持自己认为正确的观点，当然，她是带着微笑，带着尊敬老师的态度坚持自己的观点。

刘正光教授点评：

关于对本次说课内容"Work, Labor and Play"的评价以及重点难点的介绍等，请参见对陶鑫老师的点评。

李惠胤老师的说课有以下几个亮点：

1. 在需求分析的基础上，确定教学目标和教学重点。李惠胤老师仔细分析了授课对象外语学习的长处与弱处以及他们的学习习惯等，指出他们在语法、词汇和批判性思维能力方面相对而言更弱。因此，在确定的三个教学目标中，两个是针对学生的实际需求而设定的，尽量做到因才（材）施教。

2. 重点难点把握比较准确。三个教学目标中，第一个帮助学生准确理解work, labor and play的概念内涵之间的差异，以及现代科学技术的快速发展影响人们对它们的态度与感受变化的方式与原因。李惠胤老师还较好地抓住了课文中的复杂句子结构、实用的表达方式和重点词汇，要求学生通过自主学习，理解与使用。

3. 阅读与写作有机结合。在整个教学内容和教学活动设计中，重点词汇的理解与使用、难句的理解、典型的表达方式（如contrast）等都被作为重点关注的内容。要求学生自主操练，然后围绕针对课文设计的问题讨论并写出自己的解决方案，一星期后上交。这样的教学设计，能够促进输入变成吸收（intake），从而实现习得的目的（有效的输出）。

4. 回归了语言课的基本特征。虽然李惠胤老师将不少时间和注意力放到学生阅读技能的训练上，但还是给语言知识和语言技能以足够的重视，在三节课的时间里，明确安排了一节课。

10分钟的说课，节奏比较好，语言表达清晰、准确，完整地反映出明确的教学思路和适用的教学方法，体现出良好的知识结构、严谨睿智的思维能力、较强的应变能力，富有激情和感染力。

但在以下两个方面可以进一步思考（也是一些共性问题）：

1. 语言实践。语言的基本特征是基于使用的，人们关于语言的知识来自语言使用。本次比赛的选手虽然都设计了一些教学活动，但对于综合课而言（因为另开了视听说），基本目的应是通过阅读来夯实语言基础、提升思维能力和笔头表达能力，进而促进视听说能力的提高。但很多选手将语言实践理解为讨论形式的口头表达实践。口头表达实践很重要，但其效果对培养学生表达的准确性和严谨性肯定远不及笔头实践。这从提问专家的问题也可以看出来。

2. 导入部分的操作与作用。导入部分，无论是warm-up，还是lead-in，或starter，应该具有智力上的挑战性。很多人在使用这个教学步骤时，往往设计的是一些简单内容，且在课堂上完成。现在大学外语教学的课时普遍在递减，该教学步骤应该让学生在课前通过自主学习独立完成。这样做，有几个好处：一是培养学生主动学习的习惯，二是更有助于激发学生的学习兴趣，三是增加学生的实践机会，四是可以将宝贵有限的课堂教学时间用来处理重点、难点问题。

综合课组二等奖 郭亚文

参赛感言: 古罗马名士奥维德说过:"一匹马如果没有一匹马紧紧追赶着它,就永远不会疾驰飞奔!"我愿做那匹被追赶的马,给自己压力,让自己进步。

选手简介:

郭亚文,西北师范大学外国语学院讲师,出版译著50万字,发表论文多篇,甘肃省省级精品课程《英国文学史》主讲教师;多次获得校级优秀教学奖,曾获西北师范大学"学生心目中最喜爱的老师"奖,2013年8月获得"外研社教学之星"特等奖。

以平常心，迎大挑战

郭亚文

2013年11月10日，我代表甘肃省赴上海参加了第四届"外教社杯"全国高校外语教学大赛全国总决赛，经过三天的激烈角逐，以决赛全国第二、总决赛全国第三的成绩获得了此次大赛的二等奖。对于这个成绩我很满意，心中也满怀感恩。首先要感谢我院院长、省级教学名师曹进教授的全力支持和悉心指导，在总决赛前一晚，他还和带队老师陪着我在上海街头，忍着湿冷的天气，语重心长地鼓励我，帮我放松心情、开拓思路。来上海之前，我院王琦教授和俞婷教授百忙之中抽出时间针对我的讲课内容提出独到见解，让我受益良多。带队老师宁振业副教授和王冰清副教授，在很多方面给我提供了无微不至的帮助和支持，甚至包括比赛服装、讲课仪态、语速语调等等。他们的支持、鼓励和陪伴是我能够从容自信、正常发挥的重要因素。

这项比赛从5月份各省复赛开始，直到11月份全国总决赛结束，历时超过半年。虽然我在甘肃省拿了冠军，但是在参加全国总决赛之前还是倍感压力，因为其他选手也是每个省的冠军，是从全国1,500多所大学里脱颖而出的优秀教师，实力绝对不容小觑。但我告诉自己，保持一颗平常心，尽力发挥自己的水平就好。在决赛环节，我抽中了2号签，当时觉得很不理想，后来一想，我早早参加完比赛不就可以放松下来好好观摩其他老师的授课过程并向他们好好学习吗？于是我满怀信心地走上讲台，和学生展开了良好的互动，成功地完成了我的授课比赛环节。而在总决赛环节，我又抽到了1号签，虽然出场次序觉得不太理想，但是我已经抛开了一切杂念，并没有感到紧张，发挥出了自己的正常水平。后来我的带队老师打趣说，我抽的签不是第一就是第二，可以去买彩票了。事实证明，次序的确不那么重要，只要努力认真比赛就好。当然，我收获最大的就是信心，还有从好多优秀的老师那里偷师到的好的教学方法。

在大学里从事英语教学工作十余载，我始终对教学充满了热情，同时也特别渴望不断地提升自己的教学水平。此次大赛无疑给我提供了一个向全国优秀同行学习的机会。教学比赛，除了要考量老师本身的专业素养、教学技能外，还会考验参赛者的心理素质，因此如何在不同的教学对象面前做到从容淡定、挥洒自如，的确需要多年教学经验的积累。而对于教学本身来讲，我觉得最重要的是要热爱教学，因为热爱才会投入，因为投入才会有收获。在平时的教学工作中，我喜欢和学生互动。我认为在语言教学中应该摒弃传统的填鸭式的教学理念，转换教师的角色，从传统的老师包办一切转为由学生占主导地位、老师作为学生学习的组织者、引导者和鼓励者的教学思维，充分发挥学生的积极性。只有这样，学生才能真正在互动交际的环境中学好可以使用的语言，而不是只能用应试的语言。另外，老师要合理利用现代化的多媒体手段，以输入为基础，输出为驱动，避免过度依赖教学课件、照本宣科，做到课堂输入和输出的平衡。

最后衷心感谢外教社给我们提供了如此好的平台，让我们不但能展示自己的教学才能和风采，还可以互相学习彼此的优点，希望这样的活动越办越好。

授课点评

秦秀白教授点评：

郭亚文老师讲授的课文是Calvin Trillin写的讽刺小品Success。这篇颇具寓言色彩的讽刺小品，其语言并不艰涩，但在规定的20分钟之内呈现一个教学目标明确、内容丰满的教学过程却非易事。郭亚文老师的授课包括五个环节：Lead-in; Text Analysis; Writing Techniques; Extended Activities; Assignment。授课很成功，给我留下了深刻的印象。

1. 郭亚文老师按照"综合课"教学的宗旨，设计了明确的教学目标和教学程序，把Text Analysis和Writing Techniques作为课堂教学的主要环节，能引领学生准确地把握文本的思路脉络和主题思想，领悟文本的起承转合技巧，故能在教学中凸显"综合课"课堂教学的真谛，即文本分析。值得推崇。

2. 郭亚文老师在实施启发式教学的过程中，注重开发学生的思辨能力。这在他与学生互动问答过程中表现得十分明显。比如，当学生掌握课文主题思想之后，让学生讨论如下两个问题：1) Who should be blamed for the man's fall? Why? 2) What is your interpretation of success? 并要求学生课后就这两个问题开展写作活动。类似的教学活动都能引发学生的思考，取得"学有所思"、"思有所得"、"得有所用"的教学效果。应该说，这是本堂课的一大亮点。

3. 多媒体教学手段运用得当。在Lead-in部分和Text Analysis部分，郭亚文老师都巧妙地选用了针对课文主题的视频资料。这些视频资料内容贴切，针对性强，分量适中，利于开发学生的思维，收到了很好的教学效果。

在我看来，本堂课的不足之处有两点：一是忽视了课文的"语言点"教学。本篇课文中有许多值得中国学生认真学习和掌握的表达方式，诸如seek one's fortune, succeed beyond one's dream, in an era that celebrates rich people, buy one's way onto…, end up (doing sth.), be disappointed in sb., arrest sb. for sth.等表达方式，都应该提醒学生予以重视。另一个问题是：忽视了对文本的修辞手段的讲解与分析。irony (反语法) 和exaggeration (夸张) 是这篇讽刺小品的重要修辞手段，文中那位年轻人的妻子曾在故事发展过程中四次重复"You're a nobody."这句话，而全文又以她说的"you're getting to be pretty well known."结尾。类似的语言细节都应在"综合课"课堂上予以解析，以便引导学生把阅读理解能力提升为鉴赏能力。

总之，郭亚文老师备课充分，英语授课顺畅流利，表达准确，教态自然，具有亲和力，毫无"表演"和"矫揉造作"之嫌，表现出很好的课堂驾驭能力。其授课具有很好的示范作用。

刘建达教授点评：

该选手在本次以"成功故事"为主题的综合英语课程授课中，在教学内容、教学环节及教学效果中都表现比较出色。

首先教学内容较充实完整：该选手比较恰当地运用了语言教学理论，能紧紧围绕"篇章结构"和"记叙文写作特点"两个教学重点来展开教学活动，教学目标清晰、明确、合理；由最开始对"成功"的定义到结合文章中的"成功故事"再到最后乔丹对成功的定义和教师本人对"成功"的界定。作为语言课，该选手讲解了记叙文写作特点，紧扣文章这些特点对学生进行训练，讲练结合，教学任务安排较妥当。

其次在整个教学过程中，该选手能够根据既定的教学目标运用恰当的教学手段引导学生学习，从头脑风暴对"成功"的定义，到略读文章找出主旨大意，再围绕记叙文五个要素加深学生对文章的理解，整个教学过程各个步骤衔接比较自然、合理、流畅。教师主导的学生互动活动很好，能根据课堂上学生的反应及时调整教学策略和方法。该教师在教学过程中善于利用多媒体辅助教学手段来支持其教学环节，图片、视频、幻灯片等辅助手段使用较得体，有效地支撑整个教学环节。课堂上学生参与度较高，表现出较浓厚的学习兴趣，课堂节奏张弛有度，把控得不错。

该选手在本堂课中表现出较高的综合素养，授课仪态自然大方，其极具亲和力的微笑使课堂气氛紧张又活泼，提问学生时也给足学生时间回答，并没有因为时间紧而抢占学生思考的时间。该选手专业功底较好，语言表达流利，语音语调自然准确，指令明确；对课堂有较好的掌控力和应变能力，回答评委提问时简洁明了、思维敏捷。

当然，就该课堂来看，也存在一些不足之处，例如在20分钟的教学时间内该选手前后用两个视频来强调"成功"的定义，稍显重复了些。最后一个乔丹的视频声像效果不佳，一定程度上影响了课堂的流畅性。其次，该选手在讲解记叙文特点时不够精练，并没能够很好地体现出记叙文五大要素的特点。第三，作为语言课，该选手在本次课堂教学中没有对文章中的语言点展开适当的讲解和训练，没能体现出语言课的特点。另外该选手使用的幻灯片中有几张文字太多，比如课文问题的答案，不必把文章中的句子全盘搬上去，可以适当提炼一些关键词。最后的总结和作业有些仓促，课后阅读及写作任务不够清晰明确。

说课点评

秦秀白教授点评：

郭亚文老师说课时使用的课文是Wystan Hugh Auden撰写的散文Work, Labor, and Play。他的说课包括4大部分：1) Analysis of the Teaching Material; 2) Teaching Objectives; 3) Teaching Method; 4) Teaching Procedures。他思维敏捷、思路清晰，口语表达流利准确，教态自然，展现出很好的教学能力和英语语言功底。郭亚文老师的成功说课再次说明：要想成为一名好的英语教师，首先要修炼好自己的英语语言功底。

在说课过程中，郭亚文老师没有空谈教学理论和方法，而是根据自己的教学对象设计了比较详细的课堂教学步骤，这些步骤和他在授课时展现的教学步骤是一致的，包括Lead-in, Text Analysis, Writing Techniques, Extended Activities, Assignment五个环节，教学重点是Text Analysis和Writing Techniques，显然，郭亚文老师十分重视文本分析和写作技巧的讲授。看来他平时的教学或许也是遵循这一模式进行的。不过，我倒觉得这类固化模式并不一定要逢课必用。教学步骤应该根据课文内容、题材和体裁的不同而灵活设计，也应根据听课对象的不同而随机应变。所以我们常说："教学有法，教无定法，贵在得法"。

在说课过程中，郭亚文老师针对不同的教学环节陈述了一些十分具体的授课手段和方法，这说明他具有丰富的教学经验。美中不足的是：在Analysis of the Teaching Material部分，郭亚文老师忽视了课文中的难点和重点，没有说明学生在学习这篇文章时可能遇到的困难以及引导化解难点的方法。这说明说课人对文本的理解和把握尚欠火候。其实，说课能否成功，主要看说课人对文本是否有全面深刻的理解。就Auden的这篇文章而言，其中有一些长句是很难理解的，尤其是在第五段出现的一些句子，例如："It is already possible to imagine a society in which the majority of the population, that is to say, its laborer, will have almost as much leisure as in earlier times was enjoyed by the aristocracy." "The masses are more likely to replace an unchanging ritual by fashion which it will be in the economic interest of certain people to change as often as possible." "Workers seldom commit acts of violence, because they can put their aggression into their work, be it physical like the work of a smith, or mental like the work of a scientist or an artist." "The role of aggression in mental work is aptly expressed by the phrase 'getting one's teeth into a problem'."教师如果不能发现类似的难点，则很难实现课堂教学的目标。

另一个值得探讨的问题是：说课时是否需要陈述课堂教学的时间安排？讲授一篇课文，究竟需要多少课时？如何分配各个教学环节的时间？我认为，诸如此类的时间安排也应该在说课中提及。

唐力行教授点评：

郭亚文老师说课的文章是一篇用比较的修辞手法写成的约700词的论说文。文章探讨了work, labor和play之间的关系和区别。他的教学对象是非英语专业大学二年级学生。

郭老师一开始先叙述了他对文章内容、结构以及写作技巧的理解，然后通过PPT展示了他的教学目的和方法。他的教学目的有三点：1. 理解课文内容和中心思想；2. 学习比较型论说文的写作技巧；3. 培养学生的批判性思考能力。

他的教学方法以KWL为引子（What do you KNOW? What do you WANT to know?）和收尾（What have you LEARNED?）；以任务型教学（task-based instruction）为原则，通过交流和交际学习（interactive learning）为主要手段，以合作学习（scaffolding）和培养学生自主学习能力为铺垫。郭老师特别强调他的教学重心是意义（meaning）而不是语言点（form）："I will focus on meaning rather than on form."

郭老师设计的教学步骤也体现了他的教学目的和教学原则。他的lead-in采用了和课文主题有关的图片和录像，用同学议论（group brainstorming）和问卷调查（survey）为引出主题作热身活动。第二个教学步骤是课文分析（text analysis）。主要教学活动包括课文结构分析，教授5种常用的写作技巧（definition, examples, facts, opinions, and questions）和两类不同的比较写作手法（point-to-point和subject-to-subject），以及30—40分钟的语言教学，学习课文中的难词和难句。第三步是扩展活动（extended activities）。学生进行分组讨论，各自发表对work、labor和play的见解和看法。最后是作业，要求学生以如何平衡工作和娱乐为主题写一篇短文。郭老师还为下一堂课设计了一个集体写作活动：把学生分小组，每人依次轮流写一句上下意思和逻辑连贯的句子，合作写出一篇短文，然后在班级里朗读分享。

郭老师的说课组织严密，思路清晰，对课文的内容和写作结构有比较透彻的理解。该选手也有很强的英语表达能力和逻辑思维能力。他的教学原则体现了国内外比较新的教学理念，如 task-based instruction, focus on meaning, learner-centered learning, 等。教学方法也不落俗套，包括KWL、快速阅读（skimming and scanning）、分组讨论、视听手段（照片和录像）等。他还设计了多种教学活动鼓励学生发表自己的看法和意见。在语言教学方面，他把教学重点放在对文章结构的理解和比较型论说文的写作特点和技巧上。总的来说，这是一堂颇有新意、不落俗套的课堂设计。

不过，这堂课的设计仍有不少可以商榷和改进的地方。以下是可以改进的几个主要方面。第一，郭老师自始至终没有说明这堂课需要几个课时。是一堂长课（多长？）还是分2到3个课时？郭老师没有交代。这样就产生了另一个问题：四个教学步骤中每个教学步骤又需要多少时间？时间分配是否合理往往会决定一堂课的有效程度。有经验的老师在设计一堂课时一定会先考虑课时，然后决定教学步骤，但郭老师恰恰把这一点给忽略了。

第二，郭老师在说课和回答问题时多次强调他的教学重心是意义，不是语言。但是正如笔者在提问时指出，如果学生对某些词汇和句型理解有困难的话，他们对课文内容的理解就会打折扣。对此，郭老师的回答是："My instruction will mainly focus on the meaning, not just the form of language. I think our main purpose of teaching language is help students to communicate… I want them to communicate, to use language." 郭老师注重培养学生语言交际能力没错，可是他忽略了一点。外语教学的发展已经从20世纪60年代以语言学习为重心的教学模式（focus on formS），经过70、80年代以意义为重心的教学模式（focus on meaning），发展到目前广为采用的以意义和语言相结合（focus on form）的教学模式了。重语言交际而轻语言知识和能力的教学模式已经从理论和实践上都被证明是有缺陷的。郭老师说课的那篇课文中有不少非常实用的词汇、习惯用法和颇为复杂的长句、复合句，但却都被轻轻一笔带过，是颇令人失望的。

郭老师说课的第三个不足，也是这次大赛中不少青年教师的通病，即喜欢采用一些华而不实的教学技巧。他安排的最后一项教学活动"集体写作"(relay essay)就是一个典型的例子。前一堂课他布置的回家作业是个人写短文，但下一堂课却不让学生分享他们写的故事，而让他们做"集体作文"，把学生分成小组，每人写一句句子以拼凑成一篇短文，与之前的教学目的毫无关联，使原先还相当成功的说课，留下这一令人遗憾的败笔。

综合课组二等奖　王丽莉

参赛感言: Competition is no picnic, but survive it, you gain way too much from it.

选手简介:

王丽莉,新疆克拉玛依市人,硕士研究生。2000年走出新疆,在西北大学外国语学院学习;2004年,走出陕西,在北京航空航天大学外国语学院学习英美文学;2007年走回陕西,在西安电子科技大学任教至今,主要担任一、二年级大学英语教学工作。2013年获得"外教社杯"全国高校外语教学大赛陕西省综合组特等奖。

上海,我匆匆地来,匆匆地离开

王丽莉

第四届"外教社杯"全国高校外语教学大赛总决赛于2013年11月10日至11月12日在上海外教社大楼举行,但战争的硝烟其实已经从2013年初就在各个省市蔓延开来,全国近万名选手在本省各展风采,激烈厮杀,最终有58名选手脱颖而出,齐聚上海,争夺全国总决赛的各项桂冠。本人的比赛征程也是如此展开的:6月底在陕西省参加全省的选拔赛,和省内综合组的42名教师一番较量比拼后,最终杀出一条路,代表陕西,代表西安电子科技大学与来自全国各地的优秀青年教师同台竞争。现在这样说来,感觉轻松惬意,但实际上整个比赛过程——等待比赛,准备比赛,经历比赛,回想起来,成就归成就,满足归满足,其中自然也夹杂了各种揪心和煎熬。但不管怎样,在这痛并快乐着的日子里,我长了见识,长了知识。一句话,真心感谢外教社能给我如此宝贵的机会,在青春的尾巴,还能这样倾尽全力感受比赛,感受生活,如此精彩一把。

上海,是我第一次来,原先以为第一次来上海,不外乎淹没在高楼间shopping,在外滩吹吹风,在街边的咖啡馆小资一把,但实际上这次来却是匆匆地,但又比我想象的上海之行难忘万倍。短短的两天,我感受了几十名优秀老师的精彩讲课,带回了一大笔宝贵的财富,这当然比单纯的物质消费更令人快乐。在小小的讲台上,每一位老师带着课前精心的准备,带着满满的热情,带着在这个岗位上积累的经验,挥洒自如,时而潇洒,时而幽默,时而柔情,时而深刻,在台下听课的我内心的澎湃很难言说明白。

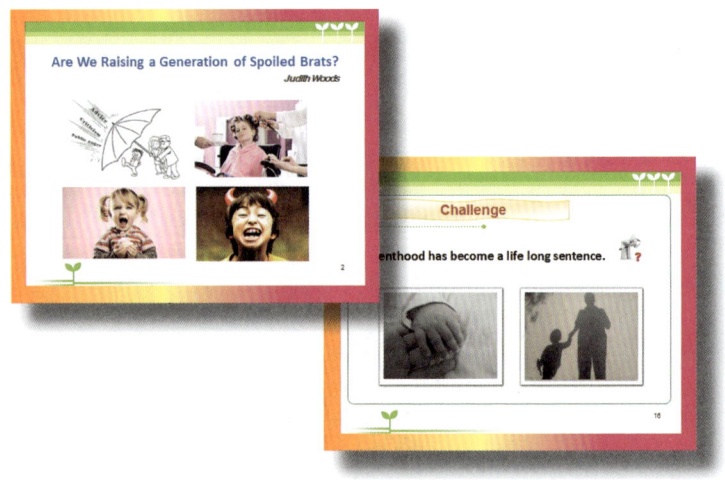

很多老师给我留下了深刻的印象。广东外语外贸大学的李老师在轻声细语中传递知识,她用女性的柔情和温暖,引导学生体会英语语言的可爱之处,同时也激发学生主动探究,深入对文章的理解;西北师范大学的郭老师,用西北人的豪爽和帅劲,用男性的幽默和视角,带领学生积极参与课堂每一个进程,通过各种讨论交流,充分调动学生的自主参与性,让他们在学习语言的同时,也感受了文化。

此外,本次大赛的另一个环节——评委提问环节也让我受益颇丰。这个环节成就了参赛选手和评委的及时交流,它清除了选手在备课中的一些迷惑,提供了一些更科学更合理的上课方案和思路,为老师们今后的教学准备和实际教学指引了方向。这个环节,我在比赛之前是最怵的,主要是害怕在比赛中因为紧张而语塞。当然庆幸的是这种情况并没有发生,而且在比赛后让我思考最多的就是评委的一些提问。问题不难为人,十分严谨,启发性十足。比如,评委会反复问老师在教学中如何分配文章主题结构的学习和语言知识的学习。这个问题其实是在召唤我们看清大学英语课程的本质还是对语言本身的学习和实践,不要让多媒体的便利完全抢夺了传统英语教育模式,不要让学生在没有学好语言的情况下就谈论各种深刻问题,要不然,大学英语课就成了大学杂谈课,而英语学习的本质也会淡化得不见踪影。其实我也问过不少学生,多媒体参与的英语课堂和传统的英语课堂,哪一个更令他们向往。结果让人大跌眼镜,不少学生其实是更喜欢老师走近他们,边说边用粉笔在黑板上写出重点学习的地方,而不是用电脑屏幕挡住老师生动的脸,用PPT上规范的Times New Roman的字体取代老师个性的笔迹。这次大赛通过评委的提问和总结,有一些问题我装在心里,带回了西安,在以后的教学中会不断实践,不断探索。很好,不是么?

上海,我匆匆来,三天后,我悄悄离开,也许上海没记住我,但是我记住了上海,记住了在外教社大楼九层比赛和观摩的每一个瞬间。说实话,在教师的岗位上已经工作了6年的我,很多事情开始变得想当然,起初的活力和心气也淡弱了不少。这次比赛适时地给我一个大大的刺激,好的刺激,正面的动力,我感觉自己又像充满了气的黄色小鸭,昂首阔步,继续在小小的讲台绽放美美的笑容,讲解生动的语言,用力感受生活、工作和学习的每一个瞬间。

谢谢上海,谢谢每一位优秀的老师,谢谢每一位大赛评委,谢谢上海外语教育出版社,成就了这一切。

授课点评

李力教授点评：

参赛选手进行了认真的准备和精心的设计，教学安排基本合理，所选视频材料有趣且切合课文主题。参赛选手首先介绍了自己的小女儿，以导入话题，然后把这堂课分成了三个环节，1) Pair work, 2) Text study, 3) Structure analysis，使学生对本堂课的内容有一个大致的了解。Pair work基于一段有趣的视频。在这个环节中，学生之间的讨论和师生之间的交流都比较充分。在随后的两个环节中，参赛选手对课文进行了较为深入的分析和讲解，其中也有学生参与的练习与问答。特别值得肯定的是，参赛选手在最后指出，课文中没能提出解决过分宠爱儿女的办法，但我们可以考虑怎样来解决问题，于是就呈现了一个故事，实际上是提出了一个不要过分宠爱儿女的具体建议。

参赛选手的口语流利自然，发音准确，这也是值得肯定的。

这堂课的主要问题在于：

1. 参赛选手虽然把这堂课分成了三个环节，但实际上后两个环节都是在Understanding the passage这个大标题下进行，很难区分出什么时候是Text study，什么时候是Structure analysis。这两个环节的划分本身就不太恰当，这使整堂课的结构显得不清晰。

2. 在PPT的第7页中，Description of the two different existence有语法错误，在参赛前参赛选手应已有充分的时间准备、制作和校对课件，再出现这种错误是很不应该的。第15页中的life long sentence，在课文里是life sentence，这是一个固定的术语，不应随意改动。

3. 参赛选手选了recoil这个词进行讲解和练习，体现出对语言点的关注，这本是非常好的，但这个词对学生来说并不难，而课文中其他的一些词或词组不仅更值得讲，而且选这些词或词组中的某一个或几个来讲解和练习更能体现出参赛选手对课文的深层次理解，学生也会更有收获，如pester power, underage despots, …is denied them, public school, empathizing, catch-22, Generation Y, 等等。

4. 所选的视频非常好，但非常可惜的是参赛选手未能充分利用这段视频。如果能省去开始介绍自己女儿的那一分钟，把这一分钟用来对这段视频中的一些细节进行进一步的挖掘，效果应该会更好。例如，"We're rich"，"I'm 42"，"I've always wanted one"，"When's dinner"，"Well, you might have to"，特别是"You said you'd always love me no matter what I did"这句话和最后的故事中熊妈妈的话相照应 (I'll always love you. Though…)。如果能由此把前后两段材料联系起来，可起到画龙点睛的作用。另外，视频中儿子最后戴上耳机听的歌曲中的歌词"I don't care what you said any more"也可以至少稍微提及一下。

5. 课堂上学生有一定的活动，但师生间的交流显得还不太够，参赛选手自己讲解的时间稍显多，有时更像是讲演，而不是讲课。

余渭深教授点评：

该教师具有较好的语言基本功，善于讲述故事，授课语言流畅自然，讲述清楚，富有激情，作为语言教师具备很好的潜质。

课堂内容丰富，在短短20分钟里教师用心设计，安排了讨论、视听、阅读、故事等内容，和学生分享了自己在孩子教育方面的经验，以及社会关注的热点问题，对启迪学生的思想、培养学生健康的道德情操具有现实意义。

围绕课文主题，授课安排了课文导入、课文分析和课后讨论三个部分，结构清楚。在课文导入部分，授课设计了两个任务，首先教师与学生分享自己教育孩子的经验，激发学生对该主题的兴趣和思考，紧接着播放了一段电影视频，引导学生讨论孩子的独立性问题。课文分析部分也包括两块，一是课文理解及语言学习，二是文章的结构理解。该部分的学习注重信息的查找和重点语言点的学习。第三部分也包括两大任务，在总结全篇主要内容的基础上，首先引导学生对当前关于孩子教育的一些热点问题进行批判思考，然后教师口述了一个关于孩子成长的童话故事，深化学生对该主题的理解。

围绕教学内容的讨论，授课安排了多种语言活动，包括口头陈述、听力理解、篇章阅读、语言学习等活动，凸显综合英语教学的特点。

该课堂教学由于安排内容较多，重点不够突出，仅课文导入就占用了10分钟左右，导致课文分析不够深入，显得很匆忙，不能深入挖掘和讨论课文丰富的内涵，学生对课文的理解大多停留在表层，不能对文章的写作目的、作者的态度、作者的风格等问题进行深入思考。

其次，由于课堂内容安排过多，教学过程显得急促，很多学习的关键环节都是教师一带而过，没能给学生留出时间进行从容的讨论和交流，教师主导了课堂话语，学生参与不够充分。

希望授课教师在今后的教学中注意平衡话题内容与语言学习的关系。在引导学生学习或讨论相关语言材料时，要重视学生语言能力的发展，不仅需要理解语言材料的思想内容，更应重视培养学生的语言意识，教会学生如何正确使用语言去理解和表达思想。这是外语教师的中心工作。

说课点评

李力教授点评：

参赛选手的说课由三个部分组成。首先是对课文的理解，可以看出参赛选手对课文的大致意思是理解的。第二部分是在分析学生基本情况的基础上制定教学目标和教学方法。参赛选手的教学目标为：尽量向学生提供说的机会，兼顾听力，同时也要进行读和写的活动。第三部分是教学过程，共有lead-in, text study, language study, appreciation和assignment几个阶段。

说课应该建立在对课文的深入理解上，但参赛选手没能完全理解课文，特别是最后一段，似乎完全没有理解。教学设计中一个很重要的环节是确定课文的难点和教学的重点，在此基础上才谈得上具体的教学目标。课文中有好几个语法关系复杂的长句，这无疑对学生的理解造成很大的障碍，但参赛选手并未确定难点和重点，而只是根据学生的情况（这是常态）来确定教学目标，这种目标就只能是"放之四海而皆准"的大框框。因此，在谈到教学方法时，参赛选手也就只能是"大而化之的方法讲得较多"（黄源深教授语，见第二届教学大赛黄老师的说课点评），而无法提出化解难点、解决问题的具体方法。教师在处理语言材料时的囫囵吞枣，必将导致学生学习时的不求甚解。

参赛选手开始说课时用了"guys"，这个词使用得不恰当，因为她面对的是"distinguished judges, ladies and gentlemen"。

李霄翔教授点评：

　　说课是一种教研形式，它要求教师依据课程大纲和教学理论，对教学内容、教学目标、教学方法、教学程序等进行个性化和创造性设计，并用自己的语言通俗易懂地向同行或专家表述清楚。该选手在说课过程中体现出扎实的英语语言基本功，语音语调纯正流畅，有较好的专业理论素养和丰富的教学经验，能够结合教学内容将励志导向与语言学习有机融为一体，避免了教学中经常出现的就事论事地交代素材情节的现象。从视频中我们可感受到一种充满活力、师生互动诱因充分、教书与育人兼而有之、教学过程润物细无声的意境，从该选手言行中我们也可觉察到该选手具备了一种教师而不是教书匠的特质。

　　该选手能够较为准确地解析教学素材的内涵，在明确界定教学对象的基础上，设计出具有个性化特色的教学方案。该方案折射出启发式和综合整体式教学理论的基本策略。尽管所提供的教学素材是一篇阅读文章，但该选手能将英语听说技能和阅读写作技能训练有机结合，将个人对社会生活的体验感悟与教学内容有机结合，这样的设计能够有效地激发学生积极思考，调动学生主动参与教学活动的积极性，体现出较好的教学活动的互动性。在教学具体环节的设计上，该选手试图将"top-down"和"bottom-up"的方法相结合，将根据段落首句语义猜测段落大意的教学策略与扫清词语难点方便阅读理解融为一体，在帮助学生准确理解教学素材的基础上，引导学生学会欣赏作者的观点和写作特点。这也是该选手教学活动设计的另一个特色：始终将学生置于整个教学活动的中心地位，既能保障教学活动的流畅性，也是保证实现教学目标的重要手段。

　　该选手在说课的过程中，也展示出较好的灵活多变的教风教态和反应迅捷的心理素质。在回答专家提问时，对问题的理解准确，思路明确，反应迅速，应答和申辩达意，不失幽默风雅的台风。

　　综上所述，该选手具备了较高的英语教学专业素养和水准，但在说课过程中还有个别单词发音欠准确的现象；学生课后作业如何检测和教师在其中的功能和作用交代尚不够清楚。如果能够利用教育信息技术，对学生自主学习和相关教学活动提供明确的指导要求和及时高效的反馈，则会更加完美。

综合课组三等奖　李勤

参赛感言： 见识他人长方知自己短。感谢大赛这个平台，给予我们自信，更给予我们眼界。

选手简介：

李勤，毕业于上海外国语大学英国语言文学专业，后攻读苏州大学外语学院"英语语言文学"专业，获硕士学位。任教于上海理工大学外语学院大学英语教研室。2013年10月获得第四届"外教社杯"全国高校外语教学大赛上海赛区综合组一等奖。

成长无关胜与败

李勤

此次教学大赛，从备战学校选拔赛到胜出全国总决赛，前后5个月，起起伏伏好漫长一条路！但回头一看，铺满这一路的竟是意想不到的成长和收获。

赛前看了往届比赛的录像，一面观战一面胆寒：优秀选手如此之多，自己能有几分胜算？院、部领导和同事频频打气，我终于坚定信念：未曾行军，焉可言败？无论战绩，总要赛出自己的风格，就当是对自己教学理念的一次检验：大学英语不能再拘泥于语言现象的刻板传授、生硬模仿，而要学习用语言文化知识作为工具研判和思考问题；语言技能的学习必须服务于"人文关怀、审美培养"，这是大学英语的生命力，更是它的全部魅力！在短短20分钟比赛里既要体现这些教学理念，展现自己的教学特色，又要实现具体教学目标，这要求比赛授课的内容和形式既基于又高于真实课堂。慎重选题、遍遍捶打，终于壳落白出，赢得了参加全国大赛的机会！

备战全国大赛是我人生中最紧张、疲劳、兴奋又收获最多的两周。

抽到的授课文章属科技类，而非我所擅长的人文话题。无暇抱怨只能紧张思索：科技必然关乎人文，关键在于寻找挖掘的契机，以便寄思深远。如何恰当解构文章才能既忠实解读原文、又扬长避短合理再创造？这些深入思考和反复自我训练是我备战大赛最大的收获：其得终生受用，其失无堪反思。

可惜，一人之力终有不逮，所需素材、资料等一时更是难以齐集。正苦闷时，身边竟有那么多善良的同事知无不言，巨细靡遗，大到文章理解、授课思路，小到措辞用字、排版设计。他们不但心性高尚，而且业务精通，于需要修改完善的地方三言两语拨云见日。特别需要感谢我的领队、大英负责人顾定兰老师！无论任何想法得于一念，我只管大胆尝试；她却必须保持冷静明辨良莠，所以手术后两日便强打精神听我试讲，一坐半日为我条分缕析！大赛三日，寸步不离！一生不可多得的良师益友，我在这次大赛中都得到了！

大不易的收获是学会处变不惊！带着两周的辛勤准备、无数人的热切帮助，来到了赛场，却遭遇电脑出错重复出题、抽签不利等突发情况。在惊变中强迫自己冷静、分析尺短寸长、于可能之处稍事调整，这种应变能力和心理素质是教师不可缺少的职业素养。冷静下来的那一刻我无比强烈地感受到了自己的成长！

备赛的全过程是身心的历练、思想的催生，待到赛场上观摩每一位赛手独到的授课、亲炙专家评委的教诲，更是深刻体会到：此事只关成长，其实无关胜败！

授课点评

余渭深教授点评：

该教师备课认真，精心准备了丰富的教学内容。授课教学目的清楚，强调阅读理解，包括对篇章结构的理解、文章的字面理解以及推断理解，围绕对文章的理解展开课堂学习活动。课堂结构清楚，由课前导入、文章理解和课后讨论及写作三大部分构成。教学的主体部分是文章理解，主要环节包括导入讨论、文章结构分析、修辞学习、篇章细节讨论、推断理解等，围绕阅读理解展开相关语言技能训练和语言知识的教学，课堂中设计了信息查找、阅读归纳、篇章理解、信息推断、修辞风格、课堂讨论、作文写作等多种语言活动。课堂活动和课堂讲授内容贴近学生生活，话题富有思想性，能激发学生学习教学内容的积极性和参与性。

授课教师语言流利，陈述清楚，讲课富有激情，充满活力，具有较强的课堂驾驭能力，教学安排紧凑，课堂气氛活跃，能有效完成教学计划设计的各项教学任务。可以看出授课教师是一位富有课堂教学经验的优秀青年教师。

由于课堂教学内容安排得较多，导致授课课堂重点不够突出，课堂节奏紧迫，没能给学生留出足够的思考、学习和交流的时间；由于教学忙于赶进度，课堂交互活动不充分，而且形式单一，在一定程度上影响了学生的学习效果。另外在引导学生理解文章时有些地方的解释和讨论不够准确，影响学生对文章的准确理解。教学中应切忌对文章的过分解读，一定要准确理解文章的主旨意义、文章写作的目的、作者的观点和态度以及作者的风格特征。在阅读讨论或阅读拓展练习时也一定要分清什么是作者的观点，什么是阅读者的观点，培养学生良好的批判阅读习惯。

孙倚娜教授点评：

本堂课的教学目标明确，主要包括了阅读技能、语言知识点、思辨能力三个方面，教学内容融合了对文本意义的理解和语言知识的掌握，还重视锻炼学生的思辨能力（PPT 1）。

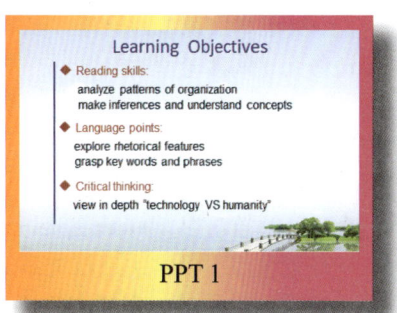
PPT 1

李勤老师在介绍本堂课的目标时，使用了"learning objectives"，而不是常见的"teaching objectives"，这样在开讲之时就确立了一种教师为主导、学生为主体的师生关系；接着，李勤老师又用一句"Let's start the journey."，自然地将学生引入主动的学习氛围。

李勤老师在教学过程中，通过课堂讲解、提问方式及配套的课件，循序渐进地引导学生把握阅读文本的语篇结构、理解作者的思路发展及主要思想内容。李老师积极引导学生理解文本所探讨的问题"Who Will Prosper in the New World?"和"Who Will Suffer?"，她为此设计的一张PPT"analyze patterns of organization"是意义与形式的有机结合，也是口头与书面双重途径的语言输入，便于学生加深印象，提高记忆效果和学习效果（PPT 2）。

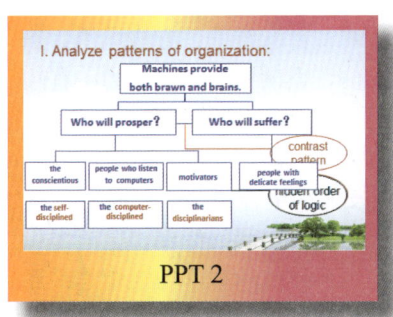
PPT 2

李勤老师教学经验老道，能够把握学生阅读文本中的难点，并加以重点解释，帮助学生达到可理解性的输入效果。

该堂课也反映了授课老师较高的人文素养。李老师在授课的过程中，能够适时地引用中外成语和名言（PPT 3），有助于进一步调动中国环境中英语学习者的学习兴趣，也创造了学以致用的机会。

如果说这堂课有不足之处，就是内容设计过多，教师语速太快，教师对一些预先设计的学习内容没能组织学生在课堂上进行充分的师生间、学生间的互动性实践。如果李老师将本堂课的部分内容改成学生的课外学习任务，那么教学效果会更好。

李勤老师口语流利，精神饱满，充满激情，思维敏捷，有较强的课堂掌控能力和应变能力。

说课点评

刘正光教授点评：

关于本次说课的内容"Work, Labor and Play"的评价以及重点难点的介绍等，请参见对陶鑫老师的点评。

李勤老师的最大亮点是，紧紧围绕课文内容的思想内涵，将语篇分析的基本理论与方法运用到课文的分析与理解当中。整个单元的教学内容、教学活动、教学过程都是围绕课文的宏观结构和微观理解安排、设计。在李勤老师所遵循的四个环节的教学中，warm-up部分激活学生的相关知识，为正确理解做准备；整体阅读环节重点引导学生理解文章的逻辑关系和宏观结构；细读环节要求学习者运用skim的阅读技能，理解衔接语对文章的逻辑连接作用，分析写作特点来理解作者要表达的观点，批判性阅读加深对作者写作意图的理解并思考人们在忙碌的生活中怎样有效地放松自己；后续阅读环节要求学生做有关文章内容的改错练习以加深对难句的理解。这样的教学设计和安排凸显出对本课阅读中的重点和难点内容的高度重视，注重培养学习者的宏观语篇能力和逻辑思维能力。

整个教学活动的安排、教学环节的设计思路清晰，目标明确，方法适用。整个15分钟的说课和回答问题环节体现出李勤老师自信、充满活力和感染力，有较强的课堂组织能力和驾驭能力，她也肯定是深受学生欢迎和喜爱的老师。

说课中有以下几个问题值得思考和注意（也是共性问题）：

1）大学英语教学中，语言知识的教学和语言技能的培养应该是最基本的内容。如果跳过这些内容，这实际是在掏空语言课程的核心内容，削弱语篇能力和逻辑思维能力培养的实现基础。其实，语言知识与语言技能的教学与逻辑思维能力、批判性阅读能力的培养并不矛盾，而是相互依存、互为促进的。

2）要更好地把握单元重点与难点。说课反映的是教师处理教学材料、确定教学目标、合理设计教学活动、恰当选择教学方法、有效使用手段等综合能力。重点难点的把握是上述工作的基础。否则，课堂教学可能会出现盲目性，影响教学效率。

3）说课过程中花了较多的时间解释教学环节的作用与目的，有点本末倒置。

向明友教授点评：

李勤老师英语口语流利，表述基本准确，有较高的人文素养，知识面广；在课程设计中能体现自己的教学理念，教学目标明确、合理；能准确理解材料内容，有效确定教学重点和难点，在教学内容安排上，关于语言知识的讲解、技能操练、主题拓展等课程教学任务安排合理；说课设计完整，任务安排合理；能将授课中无法完整覆盖的教学过程整体呈现出来。李老师功底扎实，精力充沛，教学肯投入，是一位出色的青年教师。现对照其说课过程，对其说课表现作如下评点。

1. 李老师的说课任务明确。李老师一登上讲台便开宗明义地告诉大家她的演示包括两部分：她本人对课文的理解和拟实施的教学计划。教学计划又包括warm-up, geneal reading, detailed reading, after reading 四部分，从而明确了活动任务。

2. 教学过程脉络清晰，条理清楚。从课文讲解开始，到四步骤阅读教学计划拟定，一环接着一环，清晰明了，凸现其作为优秀教师所必备的清晰思路。李老师课文把握精准，课文解读言简意赅。她的解读从课文宏观结构，到具体微观内容娓娓道来，基本勾勒出文本的概貌。她指出该课文由五个段落构成，前三段分别定义work, labor和play三个概念；第四段为过渡段，提出问题What percentage of the population in the modern technological society are, like myself, in a fortunate position of being workers? 第五段是对问题的解答，也是本文的核心。在阅读计划的Warming up部分，她先解读warm-up 的功能，即从心理上放松学生，但从智慧和语言学层面激活他们。基于此理解，她设计了一种看上去轻松好玩但能不动声色地把学生带入严肃的阅读和任务中的活动。如title guessing活动就能让学生透过题目猜写作目的和特点，由此引导学生熟悉相关文体的写作范式。Global Reading部分意在训练学生的逻辑思维，正如她自己解读该文本那样教学生了解课文结构的逻辑关联。在global reading环节，她要求学生缩写课文，从而勾勒出文本的逻辑框架，以让学生体会逻辑美胜过语言或修辞美。在Detailed Reading部分她集中教授reading skill，关注transitional means, antithesis等段落间的关联手段，以文本为例解读其写作技巧，解析定义的修辞含义，训练批判思维。在After Reading 部分，她要改写文本，使之成为原课文的简写本，并在文本中设置一些误用表述，让学生改错，以检查学生对课文的掌握。整个教学过程从介绍自己对教学材料的解读，到整个教学计划的实施，一气呵成，不拖泥带水。

3. 说课过程充分显示李老师是一位有语言学、修辞学和批判思维理念的教师。她在讲解阅读的过程中强调逻辑思维解析与训练对学生非常重要，因为学生在阅读时往往只见树木不见森林，他们不会关注某一个句子如何置身于一个更大的文本。任何一个优美的文字创作品都源于清晰的思考。如果你不了解批判性地解构文本的重要性，你就永远成为不了一名作家。所以她总是坚持让自己的学生了解一段作品各段落间的逻辑关联。此外她的整个演示过程都在向学生传输逻辑思维的重要性。这在不经意间就能陶冶和提升学生的思辨能力。这反映出李老师较高的人文素养和较宽广的知识面。

4. 李勤老师在问题回答环节的表现不如其说课环节出彩。她反应有些急躁，还未抓住问题的要点，就急于回应，致其与question master 的互动不够顺畅。她强调对文本宏观结构的逻辑机理的把握，对学生批判思维能力培养以及阅读技巧掌握等的重要性，这值得提倡，但她恰恰忽略了作为逻辑思辨和阅读技巧基础的把握语言结构和语言点等基本技能培养的重要性，在课文讲解中轻视了这一块内容。另外李老师的课堂英语表达还有些许瑕疵，其英语表述的节奏还可再平和顺畅些，个别发音还可再准确些，有些用语可再精准些。

综合课组三等奖　卢兵

参赛感言： 一个人一生中永远不知道下一个机遇在哪里，所以抓住眼前的这个最重要。

选手简介：

卢兵，1975年出生，山东邹平人。1997年毕业于烟台师范学院（现更名为鲁东大学），现任教于鲁东大学大学外语教学部。任教多年来一直从事大学英语第二课堂的组织和主持工作。2013年获第四届"外教社杯"全国高校外语教学大赛山东赛区综合组特等奖。

在路上

卢兵

2013年对我来说，因为有了第四届"外教社杯"全国高校外语教学大赛而变得不平凡，从学校的初赛到山东省的复赛，最后来到上海参加全国决赛和总决赛，一路走来虽然不轻松，但我从中获益良多。现在回想起来，参赛的每一个环节依然历历在目。

谈到本次大赛的体会，我首先想要表达的是太多的感谢。第一个要感谢的是鲁东大学大学外语教学部的领导集体，是他们的信任我才有机会走到今天，在我参赛的每一步都有他们无私的帮助和真诚的鼓励。特别是在上海三天的比赛里，有了他们的支持，我才更有信心，我明白我不是一个人在战斗。第二个要感谢的是我的同事们，在我备赛期间他们温暖的话语给了我继续前行的力量。其中要特别感谢的是林明东和毕晨光两位老师，从我一抽完决赛题目他们就与我一起分析文章，设计教学思路。正是有了他们的帮助我才能较好地完成对整篇文章的把握。第三个要感谢的是我过去十几年的工作经历。我一直从事我校大学英语第二课堂活动的组织和协调工作，有时候也会担任一些大赛的英语主持或评委。在实际操作过程中，难免会碰到各种各样的突发事件，在应对这些事件中我本身也积累了很多经验，所以在比赛中我才能做到不急不躁，坦然面对。

第二个体会就是我从其他参赛选手身上学到了很多。在比赛中我们是对手，在赛场外我们是朋友。去上海之前我对自己语言素质还是比较自信的，可在比赛中我发现每一位选手都是那么的优秀，都能用地道流利的英语来表达自己。这让我明白了我的狭隘，也让我明确了自己奋斗的目标和方向。除了语言素质外，他们的教学思路和教学理念也极大地开拓了我的思路，在以后的教学中我也会尝试改变和提高。

第三个体会就是各位专家和评委的专业和高屋建瓴。担任本次大赛的评委都是外语界的知名学者和专家，他们的专业素养和人文精神给我留下了深刻的印象，特别是担任提问评委的唐力行教授，他的风趣幽默以及职业素养让每一位选手倍感亲切，更获益匪浅。从他们那里我也认识到现代大学英语教学的方向和目标。

第四届"外教社杯"全国高校外语教学大赛已经完美收官，在此我也由衷地感谢本次大赛的组委会能给全国高校的大学英语教师提供这样一个平台，让我们有展示自己和互相交流学习的机会。最后我想说，每参加一次比赛，对自己都是一种锻炼和磨砺。我在锻炼中进步、成长；而成绩，对自己而言，则是一种额外的收获。

授课点评

李力教授点评：

　　参赛选手开始上课时关于电话的提问非常好，一下子使这堂课有了足够的"正能量"，而且在最后布置的作业中又要学生打电话问候父母亲，使整堂课首尾呼应，浑然一体。Lead-in环节中出现的两张照片一正一反，参赛选手据此提出的问题和课文内容也结合得很好。美中不足的是当那个男生就洗脚那张照片回答问题时说"not yet"，参赛选手此时完全可以多发挥几句，这不仅可以使学生对not yet有更深刻的理解，能更好地使用，而且还可进行正向引导。这体现出参赛选手在教学中处理问题的临时整合能力还不够。

　　教学中各环节间的过渡自然，时间分配基本合理。参赛选手重视了对语言点的讲解，语言、结构、主题和对内容的分析之间的关系处理得较好，学生的参与程度也较高。

　　作为语言教师，一个很重要的能力就是处理课文中语言点的能力。在教学比赛中，由于时间有限，不可能把所有的重要语言点都进行处理，但精心选择一两个有代表性的语言点来展示自己在这方面的能力非常重要。可惜的是，很多参赛选手似乎都忽略了这点。本参赛选手重视了这个问题，这很好。但在语言点的选择上，似乎还有值得考虑的地方。提问评委提出的第一个问题，代表了所有评委对这个问题的关注。参赛选手在处理头韵时显得过于仓促，连那句话中的头韵在哪里都没给学生讲明，就匆匆去举其他例子。如果参赛选手能在PPT中把part, parcel和parenthood中的字母p以高亮方式呈现，其他例子也如法炮制，效果就好了。在此基础上再讲解part and parcel的意思，没使用完的那2分18秒，也就有用武之地，参赛选手也不至于用唱歌来填补这段时间了。

　　参赛选手的发音尚有不足之处，如focus, famous, through等的发音都不太准确。

余渭深教授点评：

授课教师有很好的教师素质，语速适中，课堂指令清楚，能很好地控制课堂节奏，教态自然亲切，能与学生进行很好的互动。

教学设计完整，步骤清楚。授课分四个环节逐一展开，包括导入讨论、文章分析、思考问题、课外作业。授课重点突出，授课的主要部分是文章分析，授课教师根据文章结构分部分引导学生分析讨论文章的主要内容。通过文章分析训练相关阅读技能，强调信息查找和信息归纳。结合文章理解和讨论，教师引导学生学习和讨论一些语言现象，体现了综合英语教学的特点。在教学中，教师不仅关注学生的语言学习，同时也注意培养学生积极健康的思想情操。在课前讨论和课后思考问题中，教师使用当下国内关于子女教育的热点问题引入课堂讨论，讨论问题切入学生生活，能激发学生对问题的思考和讨论，不仅能引起学生对阅读文章学习的兴趣，还能传递社会正能量。

该课程也有如下一些瑕疵，希望授课教师在今后的教学中加以研究，注意克服：

1. 对文章的理解教师更多关注的是表层信息的理解，即事件(events)、事实(facts)的理解，对作者的观点、态度、目的、风格等问题关注不够，对授课文章的理解和讨论略显肤浅，缺乏思想深度，不能很好引导学生对文章内容的批判思考，也不能很好地引导学生恰当地使用语言去表达自己的思想和观点。

2. 在引导学生分析课文时，教师设计的练习多为填空和简单问题的回答，缺乏深度，也显得单调，不能很好地激发学生的互动。作为课堂学习的练习，设计时应更具有互动性、参与性，鼓励学生交流和陈述自己的阅读理解和体验。

3. 对于语言点的讲解和学习要充分注意对语境意义的理解，在呈现和学习语言点时一定要引导学生关注该语言点的篇章意义，同时设计的翻译、填空等语言点拓展练习也应具有语境性，培养学生正确使用语言的习惯。

在授课的提问环节，该教师未能很好地从语言学或语言教学理论上回答评委提出的关于如何进行词汇和翻译教学的问题，希望该教师在今后的教学实践和研究中，注意加强外语教学的理论修养。

说课点评

李力教授点评：

参赛选手首先谈了自己对教学材料的理解，然后确立了两个教学目标，即，1) 理解work和labor的区别，2) 关注长句。所确立的目标清楚、具体、可行、针对性强。参赛选手在此基础上确定的教学步骤也层次分明。教学目标和教学步骤体现了教学的重点和难点，可惜他没能明确指出这堂课的重点和难点是什么。从总体上看，参赛选手基本掌握了说课的要领，即在分析教学材料的基础上规划教学，并证明自己的规划的合理性。

不足之处在于：1) 参赛选手在lead-in的设计中，想让学生了解为什么很多中国人一份工作终其一生，而不少西方人常常换工作。这个活动虽也涉及工作这个话题，但离本课的内容相去甚远，无助于对本课文的理解。2) 关注长句非常好（准确说应该是复杂句），因为语言课堂归根结底是要学习语言，而本课文的特点之一便是语法关系复杂的长句较多，对学生理解造成较大困难。但参赛选手给出的理由却是让学生学会使用长句后在写作中可长短句结合以避免视觉疲劳，同时还可避免翻译中的逐字翻译，这两个理由不太恰当。3) 布置的作业是把第三自然段的长句改写成短句，把短句改写成长句。短句改长句不可行。4) 对最后一段的理解不完全准确。5) 发音上还有问题，antithesis和aristocracy的重音有误，China的读音有误。

李霄翔教授点评：

　　说课是一种教研形式，它要求教师依据课程大纲和教学理论，对教学内容、教学目标、教学方法、教学程序等进行个性化和创造性设计，并采用自己的语言通俗易懂地向同行或专家表述清楚。该选手在说课过程中，体现出较好的教学理论功底，能够在正确理解教学素材的基础上，把握文章的内涵，从其分类和定义的语用特点出发，采用中西对比手法，激发学生对文章主题的理解、思考和比较，有效地调动了学生对该主题的兴趣和好奇心，同时也激活学生对求职的憧憬和考量，借助于文章内容增强学生对中西社会现象的了解，同时也对学生今后就职取向起到一个很好的引导和启迪作用。这是该选手说课所显示出的特点之一。

　　在语言教学目标的设定方面，该选手将文章所借用的语言分类对比的意念和对中国学生可能造成阅读困难的长句理解、翻译以及背后中西思维方式的特点作为课堂教学的重点，这显示出该选手对教学素材的可教性有着较为准确和娴熟的把握和操控能力。这是特点之二。

　　在教学活动设计中，该选手将整个活动分为导入、阅读理解、读后思辨和课后作业四个部分。第一部分采用提问方式，引导学生思考中西从业人员的特点，为深入了解文中所定义的三类不同性质的工作做一铺垫。第二部分涵盖两个重点，一是影响阅读理解的重点词汇和句型的学习，另一个是文章中重点长句的解析和翻译，并指出其中中西语言本身所折射出的思维方法的差异。该选手在这部分更多地强调了语言句法难点和语言技能的训练，强调读写译技能的训练本身也就在很大程度上体现出我们高校英语综合课程训练的基本模式。第三部分读后思辨要求学生根据个人思考和经历，对作者的观点和文中的内容进行诠释和评述。第四部分则要求学生课后对文中的段落进行改写，即简单句改为复合句或复合句改为简单句，以此来强化学生对英语句法的理解，提升学生应用长短句写作和翻译的能力。上述教学活动及重点的设计具有明显的个性化特征，各项活动之间有着较好的逻辑和递进关系，这从另一个方面体现出选手具备较好的专业素养和丰富的教学经验。这是特点之三。

　　该选手在说课的过程中，展示了较好的英语语言功底、沉稳的教风教态和较好的心理素质。开场道白时的语言中肯而又富有哲理；在回答专家提问时，对问题的理解准确，思路明确，反应迅速，应答和申辩达意。这是特点之四。

　　综上所述，该选手具备了较高的英语教学专业素养和水准，但在说课和回答问题的过程中，有时语言表述不够流畅和准确，教学对象未能交代清楚，在说课时概念化的描述多于具体操作性的实例。在课文导入阶段，从语言角度出发的铺垫略显单薄，阅读技能的训练尚缺明确的表述，课后作业在布置后如能够提出明确的检查测评要求则更好。

综合课组三等奖　王成东

参赛感言： 喜欢英语、热爱英语教学是我的动力，取得的成绩是对我的鼓励，学生的成功是我的期待。

选手简介：

王成东，重庆人，硕士，任教于大连交通大学外国语学院。2010年大连交通大学青年教师教学比赛三等奖；2011年大连交通大学优秀教师；2011年大连交通大学外国语学院青年教师教学比赛一等奖。发表论文数篇，2012年主持辽宁省外语教学专项改革重点项目一项。2013年第四届"外教社杯"全国高校外语教学大赛辽宁赛区综合组一等奖。

精彩的大赛，让我成长

王成东

每当看到课堂上学生们专注的眼神、微笑的嘴角、回答问题时的自信和幽默，我就庆幸选择了一个自己喜欢的职业，我为每天都会有这样喜悦的心情而感动。我的爱好也是我的工作，这是多么奢侈的事情。执教至今，已七年有余，在英语教学之路上我一直在摸索，怎样的教学才能让学生对英语融会贯通，让英语成为其无障碍交流和学习的一种工具，而不是单纯地为了考试和过级而死记硬背的符号？路漫漫其修远兮，我将上下而求索。

此次参加第四届"外教社杯"全国高校外语教学大赛，从初赛、复赛、决赛到总决赛，从反复完善参赛教案到与省内同仁和各省冠军一同切磋，我感觉僵化的教学模式和思维正在被一下下敲碎；一股股对教学改革的热情注入了身体。每个参赛选手展现的风采无不体现出对英语教学的投入和对学生的热爱，对结识到这么多第一线的优秀教师我感到很幸运。同时，大赛的评委都是外语教学界很有名望的专家，很荣幸在他们面前展现我们青年教师的教学水平并得到宝贵建议和点评。相信所有参赛选手和我一样，通过大赛的磨炼，受益匪浅，品味成长。

在荣誉面前，我不得不提到的是在我身后一直关心、支持我的领导、同事和家人。虽然获奖感言时必定感谢是很落俗套的事情，但是我真心感谢你们。感谢培养我的沃土大连交通大学，感谢外国语学院尹翎鸥院长对外语教学和大赛的高度重视，感谢副院长丛莉和指导教师们对我的参赛教案耐心指正、提出建议，感谢父母、爱人让我全身心地投入备战和比赛，感谢一岁半的宝宝每天带给我的欢乐。是你们的支持和鼓励让我自信地站在讲台上向全国专家和同行展示教学成果。

大赛已经落幕，已经回到教学岗位的我更多的是反思，每位参赛选手都有各自的闪光点，我看到了自身的差距，还有许多地方需要改进和创新。这也是大赛留给我们的宝贵财富，它会激励越来越多的教师不断地学习和进步，推动大学英语教学改革创新的步伐。我会把大赛的宝贵经验带回学校、应用到教学中，让学生们受益。最后我要感谢大赛的主办方为全国的高校英语教师搭建了这样一个高水平的展示和交流的平台，让我们吸收了先进的教学方法和思想，在多方面得到历练和提高。希望大赛越办越好！

授课点评

秦秀白教授点评：

　　王成东老师讲授的课文是英国记者Judith Woods撰写的特写Are We Raising a Generation of Spoilt Brats? 授课围绕Understanding the Text, Reflection, Summary, Assignment四个环节展开，重点放在前两个环节上。他备课充分，教学步骤明确清晰，环环相扣，循序渐进，课堂节奏掌控得当，能使学生在课堂上始终保持积极思考的状态。这应归功于参赛者顺畅得体的英语口语表达能力和娴熟的课堂驾驭能力。

　　王成东老师的课堂提问给我留下十分深刻的印象。课堂提问贯穿他的课堂教学的整个过程。所有的问题都紧扣课文内容，都是围绕如何养育子女、养育子女常陷入的困境和溺爱子女的后果等关键问题设计的，针对性强；这些问题都不是简单地用yes或no可以回答的，颇富启发性和思辨性。课堂提问既是学生理解课文内容和中心思想的抓手，也构成了引导学生开展思辨活动的纽带。没有发现单纯为活跃课堂气氛而制造的"插科打诨"式的提问；提问收到了很好的课堂教学效果，为我们呈现了一个师生和谐交流的思辨课堂。我认为，课堂提问的技巧和艺术是本堂教学的一大亮点。

　　在我看来，这堂课的最大缺憾是授课人忽略了课文讲解。在Understanding the Text这个重要的环节上，授课人几乎没有引导学生细读课文，只是在讨论溺爱子女的后果问题时，授课人才让学生参照课文的第14段和15段内容。其实，本篇文章中有许多语句是值得学生"细嚼慢咽"的。仅以第一段文字为例：文章开头的一句是：They kit themselves out daily in clothes and accessories worth £700. 结尾一句是：Welcome to the pampered existence of today's children, a place where pester power rules and parents are milked like cash cows. 作者的遣词造句是何等的巧妙和诙谐，但非英语专业的学生未必能够领悟其中的奥妙，需要教师在课堂上引导学生进行细读（close reading）。在整个教学过程中，授课人使用了大量的自制卡通图片，以图片为"纲"引领学生理解课文，脱离了课文的文字，忽略了"综合课"教学的根本途径——"文本分析"，致使这堂"综合课"成为了一堂图片讨论课或"泛读课"，这有悖于"综合课"教学的宗旨。

刘建达教授点评：

　　该选手本次课教学内容基本完整，教学过程相对流畅自然，取得一定的教学效果。

　　首先，在教学内容方面，该选手能围绕"父母对子女的教育"、"面临困境"及"溺爱孩子的后果"三个层面展开教学活动，其教学目标是希望学生从文章中找到作者在这三个方面的看法，然后激发学生们对"被宠坏的孩子"这个现象进行反思、对这类孩子的家长提出建议等较高层面的思考，教学内容还比较完整，有一定的教学重点和难点。但是本堂课的教学内容与教学材料没有很好地结合，"父母对子女的教育"和"面临的困境"这两个层面都没能紧扣教学材料进行分析和归纳，只有在"溺爱孩子的后果"这个方面才引导学生查读材料，这样一来就基本没有讲解语言知识，对学生的语言技能操练也不能达到预期的目的。

　　其次，该选手在教学过程中比较善于利用漫画、视频等多媒体手段活跃课堂气氛，激发学生的学习兴趣。该选手比较注重师生互动，能不断地提问学生来引导学生展开讨论，对学生的回答反馈及时，同时能根据学生的反应来适当调整教学方法，教学步骤有导入、分析、总结和课后作业，步骤基本流畅，衔接还算合理。但是，该选手在引导学生讨论时指令不够到位，有时过于简单，有时又不够明确。例如在导入阶段对视频中的孩子的评价，给学生的指令是"是"与"否"、"对"与"错"的简单判断，不能很好地激发学生的思考及表达；在让学生反思、给建议的时候，该教师没有明确让学生是给"溺爱孩子的父母"还是给"被溺爱的孩子"提建议。所以课堂上有时可以看到学生并不十分明确他们要开展的活动。同时，该选手在教学环节中对教学重点和难点定位不够准确，与教学材料脱节太多，整个20分钟的课堂直到第9分钟才开始引导学生阅读材料，课堂时间分配不够合理，教学步骤有些零散、拖沓。另外，漫画等辅助手段在一定程度上可以活跃气氛，但过多就喧宾夺主了，影响了对教学材料的讲解和分析。

　　该堂课取得了一定的教学效果，学生对这个教学主题有比较浓厚的兴趣。该教师授课过程中有一定的提问技巧，并能给够等候时间，学生参与度比较高，课堂气氛活跃、张弛有度。

　　该选手教态较自然，语言表达较准确流利，但在提问技巧方面和给学生指令时可以再加一些训练，做得更简洁、明了。

　　当评委针对其漫画的使用及过长的导入提问时，该选手作了较巧妙的回答，反映出较好的逻辑思维能力和应变能力。

说课点评

秦秀白教授点评：

　　王成东老师的说课风格朴实无华，不说空话，不表演，不虚张声势；说课内容充实、具体。说课很成功。

　　他一上来就和大家分享了他对Work, Labor, and Play这篇课文的理解，逐段陈述了课文的内容要点，并指出了学生可能会遇到的理解障碍。随后他介绍了授课的时间安排，即讲授这篇课文需要四节课：第一节课围绕课文理解开展教学活动；第二、三节课围绕语言点、篇章结构和写作技巧进行教学；第四节课用于总结和课堂讨论，其目的是训练学生的Critical Thinking。每节课该做些什么、如何去做以及为什么要这样做，他都能一一娓娓道来，甚至连每个环节要和学生讨论哪些问题，也罗列得一清二楚。在他的说课中，既有宏观的教学方案，又有微观的教学步骤和方法，条理清楚，层次分明，内容充实。在半个小时之内能设计出如此细腻的课堂教学方案，足以说明王成东老师的专业水平和教学能力都是超常的。王成东老师的英语口语表达能力也值得称道。他的语音语调标准清晰，语速从容不迫，用词贴切，非常职业化，给听众留下了很好的印象。

　　在我看来，王成东老师说课的不足之处有两点：一是对教学目标的陈述似嫌欠缺。"综合课"的每篇课文都需要几个课时予以处理，每节课都应该有其特定的教学目标。教学环节和教学方法的设计只是实现教学目标的手段，不能替代教学目标。二是在说课过程中对课文词汇和语法方面的细节有所忽视，没能结合课文中出现的难句和长句陈述如何引导学生克服学习障碍。"综合课"其实就是我们常说的"精读课"，它与所谓的"泛读课"在教学理念、教学目标和教学手段上有许多不同之处。在高校英语教育的讲坛上，如果把"综合课"讲成了"泛读课"，不管教师的口语表达能力多么强，也不管课堂上多么"活跃"，那恐怕都不能被看做是成功的课堂教学。

唐力行教授点评：

　　王成东老师说课的文章是一篇用比较的修辞手法写成的约700字的论说文。文章探讨了work, labor和play之间的关系和区别。王老师把全课分为4个课时完成。第一堂课是课前热身，共有两项教学活动：检查学生预习课文的情况和课堂讨论。王老师设计了两种方法来检查学生的预习效果。1. 填空以检查学生对课文主要内容的理解：教师准备一个课文小结，把其中一些关键的信息省略，要求学生根据他们对课文的理解填入相关内容；2. 检查学生对课文中某些词汇的理解：保留单词的第一个字母，把单词其他字母均删去，并提供单词的英语意思，要求学生把单词写出。第二项热身活动是课堂讨论，讨论题目是：How to balance work (study) and play?要求学生对 All work and no play makes Jack a dull boy这一说法发表意见。

第二、三堂课主要是语言学习。第一个语言点是关于写作方面的技能: How to show definition and how to show contrast?第二个语言点是词汇和难句学习。第四堂课的教学活动包括了(1)让学生回答问题以检查学生对课文的理解程度；(2)课堂讨论, 题目是: We are faced with the burden of study, how do we enjoy it? How do we "like what we do" instead of "we do what we like"? 最后是培养批判能力的课堂讨论, 讨论题目是 Do you agree with the saying that technology has done great things to us?

王老师的课堂设计集中在以下几方面: 课文阅读理解, 词汇学习, 难句分析, 写作技巧和批判能力的培养。他的教学方法采用了教师讲课和学生讨论相结合的方式。要求学生预习是个好方法, 既培养了学生自己阅读的习惯, 也培养了学生预习的好习惯。王老师的英语语音语调标准, 口语流利, 教态大方, 对课文的语言难度(词汇和难句)也有一定的掌握。

但总的来说, 王老师的说课还不尽如人意。一个主要原因是他对课文的内容似乎没有完全吃透。他把阅读理解和讨论的重心放在work和play的关系上, 而忽视了文章的另一个主题: work和 labor的区别, 以及play在work和 labor之间所起的微妙作用。由于对课文内容缺乏深入理解, 王老师在说课时显得有些条理不清楚, 课堂设计也没能把握住重点。在说课过程中, 教师的信心也略显不足, 语速过慢, 重复过多。在开始介绍课文大意时, 大部分时间是读课文和自己准备的笔记, 而不是用自己的语言来展示自己对课文的理解和掌握。

王老师的课堂设计有不少可以改进的地方。他要求学生预习课文是十分可取的, 但他检查学生预习的方法值得商榷。首先, 两项检查预习的活动都采用了填空的方式, 尤其是第二项把单词拆开、要学生根据词汇的意思把单词写出的活动华而不实。活动的目的不清楚, 是为了检查学生的拼写能力呢还是检查学生对单词的理解？其实检查学生预习成果最直截了当的方法不外乎让学生回答一些和课文中心思想有关的问题。如果学生程度较好, 可以给学生讲几个和课文内容相关的生活小故事, 从而启发学生探讨work, labor和play三者的关系, 为下一步讲解课文作准备。

王老师把四堂课中的两堂课用于语言学习, 可见他对语言教学的重视, 但是他的语言教学活动中却没有包括对文章结构作分析, 也没有对比较型论说文的修辞结构和主要写作技巧作介绍、讨论和练习。另一个不足之处是王老师在课上为学生提供语言练习活动的机会不多, 特别是运用语言的机会。虽然在最后一堂课上安排了课堂讨论, 但教师事先并没有给学生布置任何课外作业和指导, 包括讨论所需的语言和讨论点。例如, 让学生在课前作好讨论的准备, 收集资料, 小组合作, 练习语言表达等。课堂讨论是语言运用的最高层次的语言实践活动, 但在语言和内容上没有充分准备的课堂讨论不是有效的教学活动, 其结果不是肤浅的没有中心的泛泛而谈, 就是让少数程度较高的学生垄断讨论。另一种可能就是冷场, 而这是任何一堂有效的外语课都必须避免的。

综合课组三等奖　王蓓

参赛感言： 教书需要爱与勇气，感谢大赛，让我更热爱我的工作，并赋予我不轻言放弃的勇气。

选手简介：

王蓓，江苏镇江人，2008年毕业于江苏大学，获外国语言学及应用语言学硕士学位，同年任教于江苏科技大学外国语学院。2008年8月作为北京奥运会赛会志愿者参加了五棵松棒球馆志愿服务工作。2010年获得江苏科技大学"三育人"先进个人荣誉称号。2013年获得江苏科技大学优秀教学质量奖。2013年获得第四届"外教社杯"全国高校外语教学大赛江苏赛区综合组冠军及特别奖。

在感恩中收获，在挑战中成长

王蓓

第四届"外教社杯"全国高校外语教学大赛已经落下帷幕，但是此次参赛过程中的点点滴滴却成为了我人生中最美好的回忆之一。记得比赛前，我的一位领导亦是恩师对我说，不要看重结果，好好享受这个过程。现在回想起来，奖杯固然让人高兴，因为这是对自己个人能力和努力的肯定，但更重要的是在这半年的备赛和参赛过程中我所得到的一切，这一切可以用"收获"、"感恩"与"成长"三个关键词来概括。

一、收获

从2013年5月参加第四届"外教社杯"全国高校外语教学大赛江苏赛区比赛，再到11月来到上海参加全国决赛和总决赛，一路走来，通过观摩获奖视频和其他选手的比赛，我在短时间内收获了别人积累多年的教学经验。同时，我不断反思自己的教学：如何将一节课的语言教学与内容教学有机结合起来；如何在课堂中发挥教师的主导作用，实现以学生为中心的教学；如何在信息时代，通过整合现代化的教学手段和资源，提高教学效果。这些思考，无疑会成为我今后教学工作中的一笔宝贵财富。我也认识到了自己的不足，看到其他选手扎实的英文功底、别具匠心的教学设计、丝丝入扣的教学环节，深感佩服之余，自己也暗下决心，今后要不断学习，不断提高。参加此次大赛的另一大收获就是结识了来自全国各个高校的朋友。在台上大家是竞争对手，在台下大家相互鼓励打气，交流教学经验，尽管比赛过后大家都回到了各自的学校继续教书育人，但我相信这份赛场上结下的友谊不会因距离而阻断。

二、感恩

我在这次比赛中所取得的成绩，绝对不是我个人努力的结果，而是团队合作的成果。我要感谢我的领导、前辈和同事们，如果没有他们一遍遍帮助我设计教学、打磨课件、纠正错误，我很难想象自己可以在强手如林的江苏赛区脱颖而出，来到上海参加全国总决赛。还有我可爱的学生们，从参赛之初就积极配合我上课、录像，毫无怨言。我还要感恩大赛组委会提供了这样一个平台，让来自全国各省市的优秀教师一起同场竞技，交流学习。最后要感谢外教社的工作人员们，他们细致周到的安排，确保了大赛的公平公正、井然有序，让我们能够全身心地投入到比赛中。

三、成长

尽管我来上海参赛前，并未给自己设定任何目标，只求好好发挥自己的水平，但是在这样高规格的比赛中，紧张是不可避免的。记得比赛时，面对台下外语界的泰斗、专家，面对同行老师，我压力倍增，出现了一些不应该犯的语言错误，但是我想这些都是成长必须经历的。经过大赛的磨炼，我相信自己今后面对挑战时会更有勇气，面对压力时会更加从容。

今年是我教书的第五年，这次比赛既是一个小小的终点，是对自己过去五年教学积累的一个肯定，又是一个新的起点，如何将比赛中所学习和收获到的教学理念、思路和方法应用到今后的教学过程中，是我需要不断思考的问题。

最后，衷心地感谢我的家人和朋友给我的爱与支持，感谢在本次比赛中所有曾经帮助、支持和鼓励过我的人！

授课点评

刘黛琳教授点评：

　　看了王蓓老师20分钟的授课，感到她的备课很充分，对教材的理解比较到位，教学能力很强。她对课堂的掌控能力很突出，教学节奏掌握得很好，充分利用了20分钟的教学时间。她教态自然、有激情、具有亲和力，语言比较流畅、简练，显示了她较扎实的语言教学基本功。

　　这堂课的设计与实施均比较成功，教学目标明确，教学步骤清晰。王老师通过紧扣主题的采访录像引入"Success"的主题，同时引发了学生对于该主题的兴趣与思考。她要求学生在看录像时要做笔记，带着问题"What does success mean to you?"观看，引导参与式学习。

　　王老师以Group Work 形式，让学生通过快速阅读了解课文的内容与结构，引导学生对比nobody与somebody在课文中的含义，这对于理解课文的内容是很有意义的。接下来，她通过Read between the lines 和 Read beyond the lines 引导学生对课文进行深度阅读，挖掘其社会意义，尤其是通过图片引出"地沟油"、"假药"等现实社会问题，引发学生对于"财富"与"成功"之间关系的更深入思考。之后她组织学生通过Group Work讨论对比"美国梦"与"中国梦"以及引导学生注意文章使用的"讽刺"与"夸张"的写作手法，都有助于学生思辨能力的培养。

　　其他值得关注的特点是，王老师在课堂上与学生的互动很成功，通过提供积极的反馈，使师生间的互动不是只停留在简单的一问一答，而是引出多轮回的对话，促进了教学的有效性。王老师对于学生的纠错也很注意方法，例如，当听到学生在回答问题时说了comfort life，等同学说完后，她说"You mean comfortable life?"那位同学马上意识到自己的错误，自我纠正说"Yes, comfortable life."这一纠错技巧，她在课堂上运用自如。另外，她的PPT、图片和录像等辅助教学媒体的使用对于教学也起到了有效的支撑作用，既有助于对语言的理解，也有利于激发学生学习兴趣，增强教学的趣味性。

　　王老师在20分钟的时间里，设计了丰富的教学内容，展示了她处理这篇课文的主要思路。该堂课的遗憾是感觉她围绕课文扩展的内容偏多，而对于课文内容本身的阅读理解及语言知识关注不足，除了对个别词汇的学习外，缺乏对课文中的语言难点的处理，也没有对影响课文理解的一些背景知识的介绍，比如第一段中涉及的在华尔街的美国梦的开始以及与其相呼应的课文结尾处美国梦的破灭所涉及的语言现象及背景知识。总之，对课文中所涉及的语言知识本身的处理相对较弱。

邱东林教授点评：

　　王蓓老师授课目标合理, 明确; 授课过程清晰, 流畅; 各教学步骤衔接自然, 师生互动良好; 课堂气氛有张有弛; 教态自然, 具有良好的亲和力; 语言功底扎实。

　　她授课的题目是success, 总体而言有三个亮点。

　　第一, 能及时纠正学生的课堂错误, 尤其是发音错误, 如comfortable, origin, millionaire, 等等。这些发音错误, 并不是个别学生的现象, 而是很普遍的现象, 在课堂上能得到及时纠正, 对学生无疑是非常有效的帮助, 而不少教师却忽略了这个问题, 只是一味地说"All right, thank you"。课堂上师生交流、学生和学生的交流是学生习得英语的一个重要环节。在这个环节中学生会产生各种错误, 如发音错误、词汇错误、语法错误、语用错误, 等等。如何处理这些错误, 是教师直接面对的问题, 要因人而异, 因情而异, 灵活解决, 不能置之度外。

　　第二, 把语言知识与现实生活相结合。王蓓老师在与学生对话中, 不断追问, 层层深入, 环环相扣, 使得师生互动真实生动, 使枯燥的语言操练从控制(control)到自由(free), 如:

T: Which one do you agree most?

S: I think it is to enjoy life.

T: How can you enjoy life?

S: First of all set a goal, then pursue it.

T: Do you enjoy being here?

S: Yes, of course.

　　以上对话中第一个问题是围绕课文展开的, 第二个问题脱离了课文, 较为宏观, 第三个问题也脱离了课文, 但较为微观。这种师生互动形式值得学习。

　　第三, 视频设计独具匠心。许多教师让学生看视频时, 往往有中文字幕(subtitle), 或英文字幕(caption), 或两者皆有, 这样就失去了看视频的意义, 学生通过字幕就能理解视频的内容。王蓓老师授课一开始给学生看的视频, 没有任何字幕。从中我们可知道, 她注意到这个问题, 因此在挑选这段视频时煞费苦心。另外, 她要求学生记笔记(take notes), 这也是许多教师忽略的一个十分重要的环节。通过记笔记, 学生受益匪浅。如果要对视频中中英文字幕进行处理, 可以下载Movie studio II 软件。有以下几种处理方法: 全部去除; 保留一些关键词; 字幕比声音晚出现几秒钟, 让学生有一个自主思考过程。

　　当然王蓓老师的授课也存在一些不足之处, 最大的不足是处理语言点(Language points)所花的时间太少, 大约仅花了一分多钟, 这是远远不够的。王蓓老师在回答评委提出的问题时也表示将花较多时间在discussion, role play上, 而大约花四分之一时间在语言点上, 包括写作技巧上。作为英语教师应该花较多的时间教授语言知识, 包括语音知识、语法知识、词汇知识, 等等。还有一点要商榷的是: 是否有必要比较American Dream和Chinese Dream。

说课点评

刘黛琳教授点评：

　　说课对于参赛选手来说是一个比较大的挑战，在接到指定课文30分钟的准备时间内，首先要准确理解把握课文的内容，有效确定教学的重点与难点，然后要根据自己的教学理念，针对该课文的课堂教学进行设计，从教学目标、教学过程、教学方法和手段，直到教学的每个具体环节。这既需要扎实的专业基础，又要有教学经验的积累。

　　说课比赛所选用的课文主要探讨work, labor和play以及由此派生出来的worker和laborer等概念的定义，作者以其严密的思维逻辑阐述了其独到的见解，文章具有较强的哲理性，真正理解有一定的难度。王蓓老师在说课中首先谈了对于课文的理解，对于前三段的理解还比较到位，但是对于最后两段中作者对现代技术及社会的发展给这几个概念带来的变化的预见显然没有阐述清楚。课文的最后一段也是课文的难点所在，对于这部分内容的理解程度必定会影响选手在教学设计中对于教学内容的把握，在有效确定教学重点和难点上会有偏差。当然这与准备时间不足有关，在正常教学的情况下，相信选手会对课文有更到位的理解与把握。

　　王蓓老师说课中的教学设计与安排能紧密结合所指定的课文，而不是基于经验的泛泛而谈，这是值得充分肯定的。她首先说明了自己教学的目标群体是一年级的学生，也认为这篇课文对于学生是有难度的。她比较清晰地阐述了她认为需要用四个课时处理这篇课文的教学安排，教学目标明确，教学任务设计较合理。第一课时主要用于主题的引入，她设计选用卓别林的围绕主题的录像片段，不仅可以引发学生对主题的思考，也可以激发学生的兴趣。接下来，她通过Group Work讨论 "What is an ideal job?" 引入对于脑力劳动与体力劳动的讨论。她认为一年级的学生缺乏工作体验与知识，所以在阅读课文前需要更充分的准备。这部分的设计体现了较强的针对性。第二、三课时是教学的主体，是对课文的阅读理解与深层次的阅读，她提到会引导学生去关注作者文中的选词，去发现作者文中使用的比较与对比句型以及对称结构，同时提到了技能的训练。我感到这部分中严重缺失的是对这样一篇有一定难度的课文的内容的理解以及对于文中长难句的处理，没有说明教学中的重难点，忽略了对语言知识的学习。最后一课时是主题拓展学习，关注了学生思辨能力的提高。通过引导参与式学习、结合现代技术发展及对比中西职业观，让学生思考自己对课文主题的认识。

　　王蓓老师在说课中注意了教学活动的设计，鼓励参与式学习，这与她在授课中所体现的以学生为主体的教学理念是一致的。可能缘于准备时间不充分，王老师不如授课时自信，语言不如授课时流利，自我更正较多，也有个别的语言失误。

季佩英教授点评：

该教师的说课包括两部分内容，第一部分是Introduction and interpretation of the text，第二部分是Teaching plan。在对课文的理解方面，通过对每个段落的归纳和总结，该教师对课文内容的阐述较全面，较好地理解了work, labor, play的定义，并对作者的观点做出评价。

教学计划的阐述是该教师说课的重点。她把目标学生定为非英语专业一年级学生，并意识到所要讲解的文章对于他们来说有一定难度，判断准确。教学用时为四课时，在第一课时的教学中，该教师选用卓别林主演的"摩登时代"的电影片段作为导入，以帮助学生很好地进入课文学习，切入点很好，也很有趣，但似乎没有提及教学目标。

该教师把第二和第三课时放在一起讲解，主要教学内容包括：批判性阅读、写作技巧和语言知识学习。教师先对批判性阅读进行了解释，然后用课文中的例子（第四段中的in the fortunate position of being workers）来说明如何找出作者的观点，讲解比较到位。如果能设计一个相关练习，那对学生的帮助会更大。在写作技巧的讲解中，教师准确地找到了课文中comparison and contrast的写作特点，也提到了on the other hand的表达方式，但教师的讲解似乎少了些，不够充分。在语言知识的讲解中，教师意识到本课文中包含了多个长句和难句，如第五段的第一句句子，但就如何讲解难句和长句、设计什么任务来进行技能操练等都没有详细的说明。另外，就课文中的重点词汇讲解和操练，教师很少提及。

第四课时的教学内容为critical thinking and discussion。教师要求学生就"技术给我们的社会带来了什么"为话题进行讨论。可以看出，该课堂活动的目的是为了提高学生批判性思维能力，但是这样的讨论真的能提高学生的批判性思维能力吗？另外，该课堂设计的目标学生为非英语专业一年级学生，他们能胜任这一任务吗？建议教师在设计讨论活动时，给出详细的要求，如讨论的大纲、分析的视角、相关的语言表达、如何分组、各组员应该如何准备等等。

总的来说，课堂设计较完整，教学计划比较合理，有一定的可操作性。该教师口语较流利，表达较准确。在今后的教学中，还需多注意细节，如在设计课堂任务时，要目的明确、设计精细、形式多样。

综合课组三等奖 吴泳

参赛感言： 时光飞逝如斯，如白驹过隙，珍惜收获的点点滴滴，感恩并祝福所有的朋友和老师们。

选手简介：

吴泳，湖南株洲人，英语语言文学专业硕士研究生。曾任株洲市某部门翻译，2004年始任湖南工业大学外国语学院教师。曾指导学生参加大学英语演讲比赛获奖，现主要教授公共英语部大学英语课程。2009—2010赴美国任对外汉语教师。2012年参加"外教社杯"全国大学英语教学大赛获湖南省赛区综合组一等奖第一名。

快乐学习，感恩生活

吴泳

从参加学校选拔赛到全国总决赛结束，时间跨越了一年半，从茫然到激动，从紧张牵挂到淡然处之，五味杂陈，如果用一句话总结，那么整个比赛是一个学习和感恩的过程。

首先是对教材的把握以及教学理念的学习升华。当初懵懵懂懂从学校被选出来，唯一的希望是不至于太辜负、太丢脸。学院里，尤其是公共英语系部给予了极大的帮助。我每完成一稿，系主任都会组织几位老师提出她们的意见和想法。我通过自己对文章的理解，学习大家的理念，吸收大家宝贵的经验，结合自己素用的教学方法，融入到课件当中。没有集体的智慧，个人难以走远，感谢肖烨主任和其他几位老师的无私帮助。

然后，比赛的过程也是课件制作技能学习和加强的过程。一个习惯了贴几张大图、插入几份音频或视频材料、最多加个简单动画的人，制作出的课件如何能不贻笑大方？一切从头学起，在网上搜索，下载软件，学习图片和影音材料的剪辑、拼接、加速减速等特效；学习PPT母版的制作，自己创作符合文章内容、独树一帜的模板；学习如何使整个课件画质精美，内容与画面完整统一。虽然稍复杂的PPT我仍不会制作，但通过比赛，我对课件制作有了深层次的理解。

感谢比赛让我见识诸多优秀的选手和同行，"三人行，必有我师焉，择其善者而从之"，听大家的每一节课对自己都是一种启发。每个人读文章的视角不同，对文章的解析不同，教学的风格和方式各不相同。大赛集中了全国优秀的选手，高容量高强度地展示大家对英语教学的理解和经验。观摩其他选手讲课，此中味道，如饮甘饴，仍须今后长期回味，逐渐消化。

感谢大赛凸显我种种不足之处，今后可引以为鉴。大赛是一柄凸透镜，把选手的每种表现都逐一放大，所有错误和不足自然也难逃评委和众同行的眼睛。现在回头审视自己，第一，专业功底仍待加强。某些表达不规范，对英语教学的理论理解不甚了了，在讲课阶段对文章解析有一些错误，这都是硬伤。第二，对答题阶段和总决赛说课部分完全没有准备。在大赛这种高压力环境下，对这两个环节的知识一片空白，完全凭自己临场信口拈来，自然是节节败退。事实再一次证明，机会和成功只给有准备的人，而我也只是那只在树下打盹偷懒的兔子。第三，性格上的不足。性情直率且急躁，导致说课阶段没有对自己的理解进行梳理、过滤和深思，回头经人提醒才恍然知错。也正因如此，在回答评委问题时会脱口而出，甚至抢话，急于表达自己，没有考虑评委的感受。借此机会，对评委们表达自己深深的歉意并感谢评委们对我的宽容。

一年多的整个比赛过程，让我感受到来自学生们的支持；全国决赛组委会给我的选题也让我反思家庭的重要，感谢家人的关爱和对我无条件的付出。对病中的父亲和女儿一度疏于照顾让我耿耿于怀，感谢他们对我的理解和宽容。人生虽多艰，逆境下的温暖总催人豁达。感谢这一段经历，虽然没有取得非常好的成绩，但让我临近不惑时收获良多。

授课点评

刘黛琳教授点评：

吴泳老师授课的课文是"When an Aging Mom Becomes the Child"。围绕这个当前社会比较关注的热点问题，吴老师的备课很充分，对于教材的理解和把握也比较到位，准备了丰富的补充教学资源。她教学节奏掌握得很好，充分利用了20分钟的教学时间。她教态自然，具有亲和力，语言比较流畅，显示了她较扎实的语言教学基本功和较强的教学能力。

这堂课的教学目标明确，教学步骤清晰。吴老师以一张预测自己在2046年的肖像开始了这堂课，一下就使青年学生意识到关注老年化的问题是与自己密切相关的，引发了学生对于该主题的兴趣与思考，这真是别出心裁的设计。接下来，通过讨论老年人的possible features，预习了课文中出现的一些词汇，过渡得很自然。在课文学习阶段，她通过快速阅读介绍了课文的主线与主体结构，并利用True/False和paraphrase的练习形式，逐段学习了课文的内容。这部分内容虽然用时不多，但考虑到只有20分钟的授课时间，反映了她对于课文内容本身的理解还是重视的。随后的Critical writing，她关注的重点是文章中比喻的用法，使用了一些精心设计的图片帮助学生形象化地理解比喻的用法，既有输入，也有输出，有利于提高教学的有效性。Social awareness包括两项活动，一是听力练习，形式虽然简单，只是spot dictation，但内容偏难，处理得也偏简单，不适合作为听力练习；第二项活动是收看一个CCTV的关于Young people's role的公益动画广告，以引起学生对家庭责任的反思，具有社会意义，语言简单却意义深刻，是一个主题拓展的很有意义的活动。最后通过五个问题启发学生反思自己与父母的关系也是教学设计的一个亮点，具有积极的社会意义。作业的布置也有利于巩固课堂教学内容。

吴泳老师的PPT、图片和录像等辅助教学媒体的使用对教学起到了有效的支撑作用，既有助于对语言的理解，也有利于激发学生学习兴趣，增强教学的趣味性，例如moth-eaten memory的图片很形象化地解释了词义。

这堂课的教学活动设计的内容比较丰富，但形式却显得比较单一，教学中的互动只是在师生之间，教师提问，学生回答。在课堂教学过程中没有设计Pair Work和Group Work，没有充分体现以学生为主体、教师为主导。在教学过程中也没有清晰地体现本课的教学重点与难点，对语言知识的教学偏弱。

邱东林教授点评：

吴泳老师的授课内容完整，全面：既有语言知识的讲解，又有语言技能的操练；授课目标清晰，重点突出；教态自然，语言流畅，语速恰到好处；语音、语调准确。

吴泳老师授课的题目是"When an Aging Mom Becomes the Child"。她的授课有三点给人留下深刻的印象。

第一，lead-in的PPT设计独具匠心。第一张PPT: possible features of elderly people 下面出现如下单词和词组: with missing teeth; no memory of recent events; frail; gingerly (carefully); impeccably ... 所有这些词或词组都是课文中出现的，她这样做就很自然地把学生引入课文中。另外用carefully来解释gingerly，这种用同义词来释义生词有两个好处：一是把生词置于一定的环境中，这里就把gingerly与possible features of elderly people结合在一起，学生就会在不知不觉中"习得"这个词的意义，而不是脱离语境来学习词汇；另外用carefully来解释gingerly是一种非常好的习得词汇的方法。把这两者(语境、同义)结合起来就会扩大学生的词汇量。

第二，Text-study设计颇有新义。在这一环节中，吴泳老师设计了true or false练习，但它不是传统意义上的true or false，而是与词汇学习结合起来，这是一种非常有意义的尝试。如下所述，她让学生首先回答下面这个statement是错还是对，然后让学生用学过的词汇来替换下划线部分：

During the Depression time, Mom had to move out and give up her bedroom to an elderly relative. (True. had been displaced from…by…)

第三，抓住要点。吴泳老师在Language Exploration中花了不少时间和精力来处理、教授metaphor。她首先列举了moth-eaten memory，然后用了Pablo Picasso的一句名言: Art washes away from the soul the dust of everyday life，接着引用了Martin Luther King的一段话，最后让学生用metaphor造句。这种设计环环相扣，步步深入。

如何提高学生的隐喻能力，这是教师在教学中必须思考的一个问题。有关这方面的研究不胜枚举，有的学者甚至调侃：现在研究隐喻的人比学英语的人还多。但在中国这方面的研究还远远不够。隐喻不仅是一种修辞手段，一种语言现象，更重要的是一种思维方式，是人类认知活动的工具，又是认知活动的结果。隐喻概念系统也是文化的一个重要组成部分。隐喻可分成词汇隐喻(lexical metaphor)和语法隐喻(grammatical metaphor)。吴泳老师在授课时把隐喻作为一种修辞手段，着重讲述词汇隐喻。希望她在今后的教学中就如何进一步提高学生的隐喻能力(metaphor competence)进行研究，把教学和科研结合起来，进一步提高自己的教学能力，取得更好的教学效果。

本堂课美中不足的是吴泳老师在处理Text Study时较为简单，让学生填空比较盲目、随意。阅读的难点和听力的难点是不尽相同的。对听力来说论元名词(argument noun)和动词尤为重要，这方面可以阅读Gillian Brown(2008)的文章: Selective Listening。

说课点评

刘黛琳教授点评：

　　说课比赛所选用的课文主要探讨work, labor和play以及由此派生出来的worker和laborer等概念的定义，作者以其严密的思维逻辑阐述了其独到的见解，文章具有较强的哲理性，真正理解有一定的难度。参赛选手在接到指定课文30分钟的准备时间内，要准确理解把握课文的内容，有效确定教学的重点与难点，确实是一个比较大的挑战。吴泳老师在说课中首先阐述了自己对于这篇课文内容的理解，对于最后两段中作者对现代技术及社会的发展给这几个概念带来的变化的预见的理解显然是有偏差的。课文的最后一段也是课文的难点所在，对于这部分内容理解的偏差也反映在她教学过程中对这部分内容的处理上。在正常教学的情况下，有充足的准备时间，相信选手会对课文有更到位的理解与把握。

　　在介绍课堂教学设计时，吴泳老师首先说明了自己教学的目标群体是二年级的学生，但是并没有界定这篇课文的难度是否适宜二年级的学生。她认为需要用三个课时处理这篇课文，教学目标明确，并具体阐述了教学安排与教学任务的设计。第一课时主要用于主题的引入和对课文的阅读理解。导入部分讲得比较清晰，是通过展示代表不同职业的图片引出主题，组织学生根据自身的理解判断worker与laborer之间的不同，这个活动的设计还是合理有效的，但是对于阅读理解的教学安排与活动设计却只用skim一带而过；另外，谈到这部分还包括了词汇的学习。在第二课时中虽然提到language exploration和writing style，但基本的活动设计都是围绕writing style。第三课时的教学安排是consolidation和critical thinking，但无论是课堂活动还是所布置的作业，都是围绕critical thinking。总之，令人感到困惑的是针对这样一篇有一定难度的课文，竟然没有对于课文中语言本身的处理，特别是围绕长难句等句子结构的教学设计。这可能是因为对课文内容的把握有误，低估了其语言难度；也可能是反映了选手对于语言知识的教学不够重视。如果在有效确定教学重点和难点上出现偏差的话，如何达到提高阅读理解能力的教学目标？另外，选手在布置学生的讨论甚至辩论活动时，多次用intense来形容当代的工作，这完全背离了作者文中所表达的原意。

　　吴泳老师在教学活动中设计了Group Work，课文导入使用的图片也对教学有支撑作用。另外，她在作业中要求学生使用网络查找一些相关背景信息也是很好的设计，有利于自主学习能力的培养。不过，她在说课时的语言不如授课时流利，也不时出现一些语言错误。说课的时间没有充分利用，剩余两分半钟。

季佩英教授点评:

　　该选手的说课是从讲解自己对课文的理解开始的,阐述了work, labor的定义和二者之间的关系,并解释了课文第四和第五段的内容。可以看出,该选手在理解课文方面表现不错。

　　接着,该选手对教学目标、时间安排和目标学生进行了阐述。教学目标包括三个方面:提高阅读能力、批判性思维能力和写作技能。讲课时间为三课时,第一课时教学内容为: skimming for general ideas and vocabulary; 第二课时教学内容为: exploring the language and learning writing style; 第三课时教学内容为: consolidating the language and practice, discussion。目标学生为二年级学生。教学目标明确、合理,教学内容比较丰富,有讲解、有操练、有互动。但是,该选手在以下的阐述中是否能很好地将自己的设计演绎出来呢?

　　在对第一课时教学内容的讲解中,该选手对如何用图片引导学生熟悉话题论述较多,但就如何帮助学生理解课文主要内容而言则很少顾及。另外,词汇讲解只提了与职业有关的词汇,未能结合课文,确定课文里要讲解的重点词汇和语言知识。在第二课时的内容讲解中,对写作技巧"analogy"的讲解较为详细,列举了多个典型句型。在第三课时的讲解中,该选手的讲解思路不够清晰,小组讨论的目的和要求不太明确,如讨论主题、讨论形式、讨论时间等,对学生课后完成的任务描述不太具体,只是要求学生在网上查西方人如何看待work and labor,中国人如何看待work and labor,并进行比较。这样的作业设计可操作性不强。学生资料查好后,是写essay 还是debate? 交代不太清楚,容易使人产生疑惑。

　　总之,我们似乎很难看出可以通过三课时的教学来实现开始说课时确定的提高阅读能力和批判性思维能力的教学目标。目标的确定固然重要,但通过什么样的路径、设计何种任务来实现目标则更为重要。

　　该选手口语流利,有一定的亲和力,表述较准确,但对一些课堂用语的使用还需要斟酌(如consolidate the language)。说课用时7分30秒,如能充分利用时间,说课的效果会更好。

综合课组三等奖　陈杭

参赛感言：学无止境

选手简介：

陈杭，2010年毕业于英国卡迪夫大学传媒专业，2011年至今承担过学校英语专业和大学英语授课任务，现主要教授大学英语课程，教学效果反应好。2011、2012年重庆市大学生演讲比赛优秀指导教师奖。2012年获得重庆科技学院青年教师讲课比赛二等奖，2013年获得第四届"外教社杯"全国高校外语教学大赛重庆赛区综合组特等奖。

教学大赛 收获之旅

陈杭

两年前，刚从英国回来的我，还带着点学生的稚气，走上讲台，成为了一名大学外语教师。对于这个职业，我可能还算是"新人"，但是2013年因为参加"外教社杯"外语教学大赛，让我的职业生涯有了新的亮点、新的收获、新的感思。我有幸加入到一场以比赛为载体的授课能力和授课思想的交流学习中。成功的，遗憾的，到今天已经都成为了最美的回忆。

教育是一种令人沉醉的感觉，每堂课都能让我感觉自己是沉浸在美妙的语言殿堂中与同学们分享它的乐趣，它的美。如果说或许两年前我都没有想到我会成为一名教师的话，那么现在我想我已经坚定了这个人生职业信念。当然，大学外语在教学过程中每时每刻都在面临很多问题和挑战，我能教与学生的或许并不是最完美的语言知识，但是学生们能在他们的语言基础上有所进步并与我分享却总是让我最欣喜的。同时，当我得知有的孩子在我的影响下变得努力学习英语时，我不仅为他们高兴，自己也更坚定了不断学习的热情、动力和目标。

从年初的学院初选脱颖而出，到重庆市复赛再到全国比赛的漫长比赛历程，半年时间，学院领导和老师们总是经常与我分析比赛文章，传授授课技巧，指导课堂安排。我收获的不仅是英语教育能力的逐步提高、自我挑战的信心，甚至从自己在全国比赛的失误和不足中也获得了一笔不小的经验财富。当然，还有很大的动力来自我可爱的学生们，在上海比赛中还不断有学生发信息来支持我，让我十分感动。来到全国比赛，更多是抱着学习的心态而来。不得不说，自己更切身体会到"学无止境"，也更从那些优秀的选手身上发现自己最欠缺的东西和今后的努力方向。参加完大赛，我深切感受到，语言的学习，与培养学生的问题思辨能力、语言本身的知识提高、文化素养的培养都是密不可分的。多者合一方能让学生真正学好语言，学有所用。

最后我想说，参加第四届"外教社杯"外语教学大赛的经历和收获，将是我一生的财富，感谢学院领导老师们一路走来的支持与帮助，感谢我置身在一个优秀的教育团队中！教学之路漫长，知识道路无尽，"博学之、审问之、慎思之、明辨之、笃行之"，我愿依旧上下而求索，不断完善自我，在语言教育的路上越走越宽广，越走越多彩。

授课点评

刘建达教授点评：

该选手的本堂综合英语课有一定的教学目的，在教学中也还有些重点学点和难点，但不够突出、合理。教学内容相对完整，有一些关于语言知识的讲解和拓展训练，例如训练了学生的查读和略读技能。该选手的教学过程基本是根据其教学目标来开展，即引导学生界定"上瘾症"及其界定的标准，教学中比较善于用问题激发学生，各个步骤衔接还算自然合理。课堂上师生互动还不错，在教学过程中能发挥教师的主导作用，能引导学生参与课堂活动。该教师的PPT使用比较恰当，能有效地支撑整个教学内容和过程。

应该说这堂课取得了一定的教学效果，学生对"上瘾症"及其标准还是有比较大的兴趣。但是该选手的教学重点及难点定位不大准确，因此主题拓展的教学活动安排不够合理，例如在导入阶段的那个课堂调查活动就让人不知所云，三分多钟的导入与教材内容关联并不紧密。该教师布置了课后思考作业与演讲，但并没有解释清楚演讲的要求，太宽泛。另外该教师在教学过程中说得过多些，很多引导语是用不完整的句子来让学生补充，并没有用启发性的特殊问句鼓励学生思考。同时，问完问题后没有给够学生时间来作答，往往是教师替学生回答，这样的教师独角戏会影响师生互动效果，学生的技能训练机会就少很多。

在回答评委提问时，该选手基本能较完整地作答，但不够准确精练。评委提了三个问题：一个是本堂课的教学目标是什么，第二个是课后作业的具体要求，第三个是如何处理语言点。该选手对第一个问题回答得较准确，但是对后面两个问题的回答过于啰嗦，并不准确，例如语言难点的处理步骤不够清晰。

该教师语言表达较流利顺畅，语音语调较准确，对课堂有一定的把控能力，有较好的人文素养，教学中表现出较好的亲和力，仪态端庄大方，但略显紧张，不够放松自然。

孙倚娜教授点评：

陈杭老师讲课令人印象深刻的是其自然的教态，和蔼可亲，循循善诱，适时地实施启发式、提问式教学。例如，在开讲时，陈老师首先组织学生做一个与学生实际生活相关的interview，然后根据学生们的采访结果，自然地导入本堂课的关键词"addiction"。值得称道的是，陈老师此时没有直接向学生讲解"addiction"的定义，而是提醒和启发学生们在接着的课堂阅读和学习过程中，通过

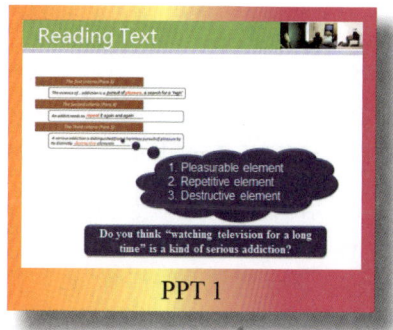
PPT 1

学生亲自阅读和讨论，了解"addiction"的定义。这个教学策略值得更多的大学英语老师采用，老师向学生们布置具体而恰当的学习任务，更容易激发学生的学习兴趣、吸引学生的注意力、引导学生进行有真实意义的阅读。

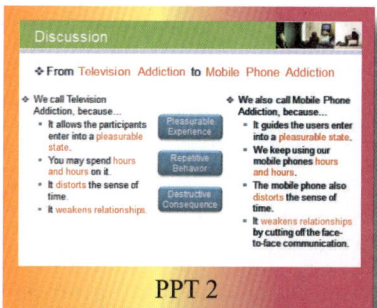
PPT 2

本堂课也反映了授课老师重视语言输入与输出结合的学习活动。例如，陈老师采用启发式教学，引导学生对阅读文本进行skimming，并通过精心设计的一张PPT（PPT 1），与学生们共同归纳了"addiction"的三个"criteria"，这种教学手段巧妙地将语言的输入和输出活动加以融合，既锻炼了学生通过阅读获取信息的能力，也强化了用英语记忆相关信息的效果。外语课堂教学中教师更多地提供给学生语言输入与输出的实践机会，是提高教学效果的重要教学策略，值得大力提倡。

本堂课也充分反映了陈老师以学生为本的教学理念。陈老师在教学全过程适时地给学生提供学习方面的支持。例如，陈老师在与学生的交流中，不断重复一个关键词"overindulge"，利于强化学生对这个词的记忆效果。再如，陈老师在拓展文本话题的discussion环节，引导学生讨论与其实际生活非常相关的话题"mobile phone addiction"（PPT 2）；如果外语教师经常性地设计和实施这种活动，便为学生提供了有效的学以致用机会。本堂课对大学英语老师们提供的一个重要启示是，课程设计、教学内容、学习任务应该充分考虑到教学对象的英语水平和学习需求。

本堂课的主要不足是，授课老师在这堂课的开始没有向学生明确交代本堂课的主要学习目标和内容。该授课老师语速适中，口语表达总体清晰，但个别单词发音还需要提高准确度，如"cut off"，"overweigh"等。

说课点评

季佩英教授点评：

陈杭老师的说课内容包括教学目标的阐述、对课文的理解和教学过程的讲解。就教学目标而言，主要有两个：一是激发学生批判性思维能力；二是帮助学生正确理解work, labor, and play的定义。显然，该教学目标缺少了对学生语言技能培养的要求，况且她把学生定位在非英语专业二年级学生，而且是由60多位学生组成的大班，对于这些学生语言技能的培养更是不可或缺的。因此，在教学目标的合理性上存在不足，没有很好地体现综合英语课程的特点。

关于对课文的理解，该教师主要讲解了自己对课文前半部分的理解，即work, labor的定义和两者之间的不同。而对课文后半部分的理解讲述得不够充分，没有把课文作者的观点很好地归纳和总结，有避重就轻之嫌。

该教师计划教学时间为四个课时，教学内容安排包括导入、课文讲解、作业布置。用图片和录像片段作为导入，引出work and labor的话题，该设计比较合理、自然，对学生理解课文主题有一定的帮助。在课文讲解部分，虽然教师分析了课文结构，但分析不太到位，反复强调work, labor的定义和不同点，对课文后半部分作者观点的分析太少，因此对课文的分析和讲解显得有点单调，缺乏层次感。另外，缺少对语言知识的讲解和技能操练这两个环节。虽然该教师提及了文章第五行中的句子"In a society where …"，但只是一带而过。最后的课外作业布置，要求学生找关于work and labor的资料，并作对比分析。教师的用意很好，但作业要求太笼统，学生要完成好此项任务有一定难度。

总的来说，课堂设计较完整，教学目标明确。但是，教学设计忽略了语言知识的讲解，尤其是长句和难句的讲解，缺少学生和教师之间的互动设计。另外，对激发学生批判性思维能力这一教学目标，似乎没有足够的手段来实现。

该教师口语流利，但在表述的准确性上还有待进一步提高，如单复数和时态方面的口误应避免。

向明友教授点评：

陈杭老师英语口语还算流利，说课环节拟定了教学目标，对教学材料有一定理解，也给出了重点难点，在教学安排上涉及语言知识讲解、语言技能操练和主题拓展等活动，课程设计基本完整。现对照其说课过程，对其说课表现作如下评点。

1. 陈杭老师说课安排比较凌乱，条理不够清晰，对语言知识讲解、技能操练、主题拓展等没有合理安排。她在开场介绍时指出自己的说课活动包括两项任务：先介绍教学目标和教学过程，然后展开教学。教学目标和教学过程的设计还没介绍清楚，她又插入教学对象和班级人数的介绍，紧接着就开始介绍自己对课文的理解，以及接下来的教学安排。根据她的展示，我们认为她很难让语言知识讲解、语言技能操练和主题拓展三大块层次清晰，交融浑成。陈老师似乎无法驾驭该课。这堂课的设计不完整，任务安排不合理，因此无法做到将授课中无法覆盖的教学过程整体呈现出来。

2. 教学内容不明确，讲解比较肤浅。说课本来就是请参赛老师就自己对材料的理解，向大家介绍你会如何来上好这堂课，你要教什么，如何教，预计要达到何种教学目的或效果。但遗憾的是，陈老师没能把问题讲清楚，很像意识流似的。她强调批判思维训练的重要性，但似乎对批判思维的理解有些肤浅，仅将批判思维理解成帮助学生理解文本中有关work和 labor两个概念的定义以及辨析两概念的异同。这显然是低估了批判思维的内涵。她认为以45分钟为一个学时计，这个材料需要4个学时来消化。第1个学时为Lead in part，任务是列出与work and labor 相关的阐述或图片，让学生发言，说出自己的想法。第2学时展示一个记者采访工人或雇员的视频，请他们解释What is work? 以此让学生讨论，发表其观点。第3学时回到课文，从结构讲起，让他们回答如何理解work or labor。再把学生分成小组来讨论这两个概念间的不同，做出评价。这期间要引导学生关注文本中的几个句子，接下来转到课文的第二部分。在学生对课文内容有了认知后 (after the content awareness)，进入第4个学时的stimulate part。这一部分仍然要就中、美有关work的不同理解进行对比分析，来训练学生的批判思维。最后布置作业。从她的安排来看，我们不认为这篇课文需要4个学时，第1和第2学时有些牵强，似与课文无大关系，第3和第4学时内容单薄，颠来倒去还是两个概念那点内容，完全可以合并。

3. 陈老师对文本理解不够完整。该课文由五个段落构成，前三段分别定义work，labor和play三个概念；第四段为过渡段，并提出问题；第五段是对问题的解答，也是本文的核心。陈老师在讲解时只关注了work和labor两个概念，她对文本的总体结构也没有一个全面的认识。

4. 教学目标不够明确。陈老师在导言中介绍其目标是基于文本理解培养学生的批判思维能力，但她在后续安排中并未采取有效措施，整个展示过程并未围绕该目标展开。她不仅没能抓住批判思维，就连文本的基本语言点、句子结构等基础语言知识也忽略了。

陈老师虽强调批判思维训练的重要，但通过其说课，我们看不出她对批判思维有较系统的理解，批判思维在说课过程中仅停留在口号上。

5. 教学语言不够准确、简练。陈老师的课堂用语不丰富，且表达不够准确，如"put in"，重复了好几遍，估计是想说input吧。再比如，I guess, according to my mind等的重复使用，都不够得体。陈老师的课堂用语里还存在诸如objective的重读音节误判和student的名词复数"s"丢失等问题。 这从另一个侧面表明陈老师的人文素养和知识储备皆有较大提升空间。

在回答问题环节，问题是问文本难度及难点所在，但陈老师答非所问，回复的是如何解决这些难题。

（视）听说课组一等奖　戴家琪

参赛感言: Our deepest fear is not that we are inadequate, but that we are powerful beyond measure.

选手简介:

戴家琪，籍贯浙江舟山，上海外国语大学博士在读，主攻英语教育学，现任教于上海对外经贸大学。本科就读于浙江师范大学，大三获得"CCTV杯"全国英语演讲比赛浙江赛区一等奖，后保送至上海外国语大学攻读硕士学位。

三十而励

戴家琪

"不知不觉中，已经三十了……"多少次我这样感慨着。不过感慨之余，心头却被一种真切的幸福感所包裹。是啊，三十岁这一年，我遍尝了各种喜悦——考取博士心愿得偿的喜悦，将为人父充满未知的喜悦，以及获得冠军苦尽甘来的喜悦。这不禁让我记起一句关于幸福的名言，"Happiness is the byproduct of pursuing something else. It knocks at the door when you least expect it"。诚哉斯言！

还是免不了俗套先要感谢一番。一个人的成功，肯定不仅仅只属于他（她）自己。比起台前光鲜亮丽的演员，幕后默默无闻劳作的人更配得上英雄的称号。首先要感谢上海外语教育出版社，因为她心系涉及全中国四万万人的英语教育，举全社之力搭起了一个大大的台子，让我们这些选手脚踏平台好唱戏。都见过唱歌的跳舞的海选，又有谁见过面向大学英语教师的国家级竞赛呢？从这个意义上说，外教社办了一场极富社会意义的比赛。从另一个角度，同样是外教社构建了一个发声的渠道，使我能够以文字的形式与正在阅读本文的读者有一次从"心领"到"神会"的美丽邂逅——同是英语教书人，相逢何必曾相识？其次要感谢的，是工作单位上海对外经贸大学从学校到学院层面给予本人的关怀与支持。说到这里，又想起了自己曾经的参赛宣言，"我不是一个人在战斗，我也不是只为了一个人而战斗！"集体荣誉感，始终是沁入我灵魂的行动指南。尤其需要感谢的，是所在学院的带教导师王勇教授。他如同一盏暗夜慧灯，发出炽热的光亮驱散阴霾，时刻指引我前行的路。当然还有家人，特别是爱人的理解。五年前相识，两年前牵手——孰料今年"双十一"的结婚纪念日居然是在比赛中度过的！事后问及是否留有遗憾，她淡然一笑，"还有比冠军奖杯更好的纪念日礼物吗？"

致完感谢辞，再谈些体会。这次比赛给我最大的收获，就是心智的历练。我从来都说，在所有的参赛选手中，我不一定是最优秀的，但我一定是最认真的。两年前首次全国参赛的失利，让我顿时跌入人生的谷底。比赛结束当天，我呆坐于附近的鲁迅公园，泪水多少遍都洗刷不去惨痛的回忆。之后的半年，满脑子尽是跳槽的念头。递交简历、跑招聘会——无论如何都想要离开大学英语这块自己的伤心地。然而，触底的人生势必反弹。终于，我成功说服了自己，拾起过往碎片拼出了"down, but not out"的心迹。自信满满的我重新回归熟悉的讲台，继续与我亲爱的学生"洋腔洋调、谈经论道"，以过来人的角度告诉他们如何学英语，如何爱人生。后来，我又做了个令所有人大跌眼镜的决定——再次参赛！家人说不，怕我健康透支。同事说不，怕我深陷"愈赛愈衰"的魔咒。而我对他们的不说了不。因为无论如何，要给自己一个交代，这一点决不妥协！于是，我又来了。这次，梦终圆了！得知问鼎冠军的消息时，自己却出乎意料地平静。我知道，我真的成长了。我知道，两年前痛彻心扉的经历其实是改头换面后的祝福（a blessing in disguise），她赐予我强大的心脏以应对任何命运（朗费罗笔下的 a heart for any fate）。

好吧，三十就三十吧。在三十岁的刻度上且划出一个洒脱的新起点——往昔归零，来日风行，我会像非洲羚羊般继续奔跑于逐梦的旅程！

授课点评

贾国栋教授点评：

  该选手作为英语老师来讲，具有较高的综合素质，这包括流利的口语表达、广阔的语言与文化知识面、亲切礼貌的教态、课堂组织的技能及泰然的应变能力等。

  从教学内容上看，该选手就组委会指定的一段关于压力 (Stress) 的视频材料所讲授的听说课内容比较完整，教学重点突出，教学互动频繁，教学效果良好。

  教学过程上，该选手从热情地与学生打招呼 (Greetings) 开始，到用视频导入预热 (Warming-up)，再到介绍本讲主要内容 (Part I Necessary Evil, Part II Mechanism, Part III Stress Relief) 和教学目标，仅用几分钟的时间就把教学要点讲得清清楚楚。然后以"What is stress anyway?"解读定义为切入，运用头脑风暴的教学方法引导学生思考什么是Stress，很好地解决了教师唱独角戏的问题。学生踊跃地提到tired, crazy, cry, anxious, anxiety等，之后老师引导性地展示出nervous, pressure, sleepless, sweaty等词，与学生的Word List构成一个与主题相关的词汇网，为下面听与说的教学活动打下一个很好的基础，也为本讲重点之一的词汇教学埋下伏笔，激活了学生的相关词汇和知识。接着马上用Do you feel stress (stressed?) now?来引导学生与自身情况相结合，如学业的压力，层层引入到核心问题，之后展现: There are only two times I feel stress (stressed?): day and night. 配上漫画，形象说明了压力无处不在、无时不在的事实和道理，因而也就没有必要紧张与害怕。接着播出视频 (Stress response helps perform under pressure.)，并就其内容进行词汇、语义的训练，如stress is a basic instinct, stress is a biological heritage, stress is a survival mechanism，而后引出结论：当你面对压力的时候，巧妙地运用哈姆雷特的话语格式，Fight or flight, that is a question. 使教学效果一下子得到提升。总之，整个教学过程流畅自然、交互有序、一气呵成。教学媒体使用也非常到位，音视频、图形图像等运用适度，有效地辅助了整个教学。

  该选手在提问环节表现得自然、礼貌，对所提问题及时地给出了自己的理解和回答，表现出色。

  如果一定要提出可以继续努力的地方的话，以下几个方面仅供选手参考。

  第一，大赛明确规定本授课的课型是"(视)听说"课，课程设计的各个环节是否应按"听力理解"和"口语表达"为重点教学目标？而授课过程中很突出的、选手在授课中和答问中反复强调的一个重点是词汇教学，而且占用了主要的教学时间、师生互动、讲义空间等，这似乎有点偏离听说课的主要方向。

  第二，具体的教学活动的设计也有改善的空间，比如刚播放第一小段录像，就用翻译的形式练习其中的短语kick in是否适当值得商榷。选手给出中文句子"在美国，圣诞季通常始于十一月底"，(选手引导学生译出的句子In America the Christmas shopping season usually starts to kick in at the end of November.) 让单个学生马上字对字翻译成英文，并一定要用该短语。且不说这样译后的句子是否符合英文的表达习惯，如介词短语一般不放句首，单就翻译的形式是否适合用来做听说的教学方法就值得讨论。如果选手能用音频的形式播放5个带有kick in的句子让学生听和理解，教学效果是否会更好呢？

第三，在问答阶段，选手所回答外教的两个问题还欠充分。外教根据大赛的要求和选手的授课提出的第一个问题是（观录像整理，可能有个别不准确之处）：

You have used a part of the video you were given and you substituted with your two or three extra bits of audio-visual materials. I was wondering whether you could explain the main language skill focus in your lesson today? And how much have your students gained today in terms of language acquisition?

该问题实际上是两问，但属于一个方向。外教显然已听出选手把词汇教学作为教学重点有些偏离了听说课应主要训练学生"听"和"说"的语言技能这个方向的，因而想听听选手如何justify这样的教学安排。下面是选手的回答（观录像整理，可能有个别不准确之处）：

As you can see, maybe there's not too much task in my PPT, but I think there are two types of input, the first one is the written text, the second one is oral. As you can see, throughout the whole process, I am giving a lot of oral input to my students and I believe it is very important for the language acquisition. And also personally I think this topic is very difficult. Why, because the students have no or very little background knowledge about it even if they experienced what stress is every day on the daily basis. So as you can see, I try to focus on the vocabulary building throughout the whole process. At the very beginning there is a brainstorming. According to my handout, you can see the first task is called brainstorming task for vocabulary mining, so what I did is try to activate the students' schema about this topic. The topic is little bit difficult and during the process there are two big words so that's why I set some time on these two words and also students find these two words are very difficult to pronounce. So you can see through my own efforts, I try to tell my students the logical connection between pronunciation and spelling. So I guess this strategy training will do them a lot of good in their future language learning because I really hope my students even without taking my class they can become autonomous learners. And even after they graduate from the college they can carry on their life-long English learning in a sustainable way.

从选手的回答我们可以看出，选手还应在准确理解问题上及如何合乎逻辑地组织语言、简明扼要地回答问题上下功夫，比如我们从回答中并未明确看出选手把词汇教学作为重点与听说技能训练的紧密关系，而这正是我作为评委想听到的内容，而把一点词汇学习与学生终生英语学习联系在一起似乎有点牵强。选手也没有回答外教问题的第二个方面，即学生到底从你的这一课中学到了什么。

外教的第二个问题:

The video clip contains a number of low and a number of medium frequency words, how do you differentiate this in your teaching and how do you make sure that your students retain the words that they would actually use in their future life?

外教在提问前就说明,因为选手对第一个问题的回答多讲词汇问题,她仍追问这个方面。这也是一个含有两个方面的问题。选手的回答如下:

According to second language acquisition theory, according to Krashen, if you want to make some progress in your language acquisition, you should receive a lot of comprehensible input. But as far as I know this is not enough. According to Swain's output hypothesis or according to Long's interactive hypothesis there should be some interaction between input and output. And students' output should be firmly grounded on what they just learned in class so I tried to activate what they learned in class into their real practice so as you can see, for example, the phrasal verb *kick in*, I tried to ask my students to do some translation from Chinese to English. If they can apply what they've just leaned I believe for the second time for the third time they will know how to use it in their future life. This is my humble understanding. Thank you very much.

这样的回答与所问相去较远,可以说答非所问。产生这样结果的原因或许是由于赛场气氛紧张,选手并没有完全听到问题第一个方面中的关键词differentiate和第二个方面的retain吧。

向明友教授点评:

戴家琪老师英语口语表达流利,课堂掌控能力和应变能力突出。教学内容上,能自如运用功能建构主义及多模态等现代教学理论,教学目标明确、合理;教学重点和难点选取准确;教学内容详略得当;课堂上听、说训练相互交融,有机结合;关于语言知识的讲解、技能操练、主题拓展和必要百科知识导入等课堂教学任务安排科学合理。教学过程中,能根据自己设定的教学目标,合理恰当地完成讲授任务;对教学重点和难点的阐释切中要害;能以学生为主体,教师为主导,积极有效地展开教学;课堂师生互动自然顺畅,提问符合学生认知能力和语言学习需求,并能根据学生反应适时调整语速及授课方式;多媒体技术娴熟,对教学的多模态支撑恰到好处,无喧宾夺主之嫌。教学效果方面,在授课过程中不唱独角戏,能有效调动学生积极性,引导学生积极参与课堂活动。此次展示可当做一节不错的示范课。现结合其教学演示过程,择要作如下具体点评。

1. 教学内容安排恰当。戴老师把教学内容确定为stress as the necessary evil, the

mechanism of stress 和stress relief三部分，教学重点放在前两部分，第三部分一点而过，作为家庭作业交给学生课后处理，这样安排详略得当。

2. 教学内容明确，教学目标清晰。戴老师设定的目标有两个：一是You'll be able to answer the question with confidence what is stress anyway, 二是You shall be more capable in talking about stress in English. 当师生有此清晰目标后，有限的教学时间就会得到充分有效的利用。这对组织教学和增强教学效果无疑至关重要。

3. 教学过程环环相扣，形成相互关联的逻辑链条，给人脉络清楚、过程简洁的积极印象。教学目标清晰，教学安排就简单有序。戴老师PPT和课堂互动双管齐下，从挖掘与stress相关的表述入手，辅以"when do you usually feel stress(ed)?"的问句和"There are only two times I feel stress(ed): day and night."这种既幽默又寓有含义的回答来开启第一部分教学活动。较轻松地完成第一部分教学任务后，分四段，从导入"kick in"短语开始，基于stress的"psychological"和"physiological"两方面特点完成对stress机理与优缺点的分析与描述，从而结束第二部分的主体内容。从第二部分第五段简单引入消除stress负面影响的若干小窍门开始，将其与第三部分的"stress relief"一并归入学生的家庭作业，并结束此次课堂讲解，一气呵成，形成系统。

4. 戴老师课堂的另一特点是听、说相随，语言知识讲解、技能操练、主题拓展和必要百科知识导入相互交融，浑然天成。要让学生能用英语自信自如地完成对stress的描述，要求学生不仅要掌握相关语言知识、语言技能，还要有与stress相关的专业或百科知识。为实现该目标，戴老师引导学生一边听，一边说，听说相随，相互交融，以内容为依托，提高言语交际能力。这是符合语言学规律的科学做法，言语交际听说并行。他把听说训练融为一体的同时，时刻不忘语言知识与语言技能的整体性和关联性，透过听力找单词，基于单词练句子。从关注诸如adrenaline, cortisol, kick in等特殊单词、短语的读音、拼写、意义、用法开始，始终把教学目标落在教会学生使用完整话语表达自己思想这个关键点上。坚持语言知识讲解与技能操练交融，重点落在技能拔高上。这符合建构主义教学论的宗旨，无疑是科学有效的。此外他在讲解专业知识的同时也不忘引导学生对语言知识的把握以及对语言技能的操练，因此确立语言知识、专业知识和语言技能三位一体、最终服务语言技能提高的目标。

5. 巧用多媒体，多模态效果凸现是戴老师教学的另一亮点。他对PPT信息框的立体动态利用可谓淋漓尽致。灵活挖掘PPT调节课堂气氛、增加教学表述多样性、帮助学生增强对相关语言知识的记忆、以可视标题彰显教学安排的系统性等积极功能，但又不让教学道具喧宾夺主，实为灵巧。

戴家琪老师对两个问题的回答基本到位。

因为是比赛，戴老师讲课还略带表演成分。此外，戴老师在知识结构的宽、广度上尚有精进空间，教学深度还可继续拓展，个别单词的发音还可再准确些，但瑕不掩瑜，而学无止境。

说课点评

杨惠中教授点评：

本选手分三个部分进行说课：analysis, methodology, procedure, 思路非常清晰。

课程设计的第一步是充分理解教学内容。本节视听说课，使用的是一段长三分钟的视频材料，主题是 food wastage, 授课教师认为视频内容可以分为三个部分：首先是problem presentation, 提出浪费粮食问题的严重性；其次是problem analysis, 指出谁应当对此负责；最后是problem solution, 认为粮食生产者、销售商、消费者、政策制定者都可以为解决这个问题作出贡献。授课教师把主题归结为Say no to food wastage, 说明对视频材料的理解是充分和准确的，在这一基础上确定课程教学目标：在听力理解方面掌握相关词语的用法，采用top-down 和bottom-up相结合的方法提高听力理解能力；在说的方面运用所学语言就如何防止浪费粮食进行讨论；同时授课教师还把提高学生爱惜粮食的意识作为本课教学目标之一，寓人文教育于语言教学中。

在充分分析教学材料的基础上，授课教师提出采用任务型教学法设计课堂教学，在pre-task阶段，首先通过提问，启发学生的知识图式（knowledge schema），调动他们的背景知识，这是提高听力理解能力的重要听力策略；在task阶段，分若干遍听，第一遍是泛听，不停顿地播放一遍，要求学生能够从大处着眼理解视频内容，理解视频所要传达的主要信息；第二遍是精听，分段播放，要求理解细节，同时进行语言点教学，授课教师非常强调利用上下文帮助学生充分理解词语的意义和用法，认为这将使学生在学习语言的道路上终身受用。在这一过程中，授课教师还设计了一些深层次的问题，引导学生思考各方相关人士怎样通过协同努力解决浪费粮食的问题。在充分理解并进行语言训练的基础上授课教师设计了一个辩论的话题：In the next 50 years should we grow more crops or should we promote family planning? 这个话题与主题有一些游离，但也是高度相关的，可以引起学生深入思考和辩论的兴趣；为了避免脱离本课主题，要求学生在讨论中必须至少三次引用视频内容，考虑非常周到，鼓励学生开口说话，因为输出是成功学习语言的必要条件。授课教师解释了课程设计的理论依据，他认为所谓任务型教学，课堂活动中设计的各种task必须具有internal coherence 和external variety, 也就是各项任务的设计既要有一致性和相关性，又要有多样性。最后，授课教师引B. Franklin的美德"Thrift and Frugality"作为结束，告诫学生要勤俭节约切莫浪费，把人文教育自然地融入语言教学之中。

在回答问题阶段，授课教师能充分、准确地回答所提问题。

总的来说，我认为这是一次优秀的说课。授课教师的课程设计能充分体现自己的教学理念，教学目标明确、合理。授课教师能准确理解材料内容，有效确定教学重点和难点；在教学活动安排方面兼顾技能训练与语言点训练，能正确处理语言输入与输出的关系。

略有不足的地方是在分析阶段没有纳入对适用学生的分析，视听说课程要取得实效，所选材料必须在内容和难易程度两方面都适合学生，才能引起学生兴趣，调动学生积极性。

授课教师英语基本功扎实，口语流利，表述准确，且知识面广，有较高的人文素养。当然，也还有可以不断改进的地方，例如，授课教师在说课过程中讲了好几次my humble understanding，以示谦虚、幽默，但是在BNC语料库中查不到这样的搭配；若能说成in my humble opinion，才显得地道、得体，才能收到预期的效果。看来，学习语言无止境。

贾国栋教授点评：

该选手在很短的时间内能够正确理解并阐释所提供的教学素材，认为内容共分为提出问题、分析问题和解决问题三大部分，并根据这三大部分的内容提出了教学的三个环节——教学分析、教学方法和教学流程。从宏观角度看，体现了选手较高的语言基本功、快速反应能力、良好的综合素质。

在综合理解的基础上，选手提出了本课程的教学目标(Teaching Objective)，即提醒学生要爱惜粮食，把它作为当代大学生应有的责任来强调，而且也相信学生能够做到。接着提出了教学方法(Teaching methodology)，认为其教学主要采用任务教学法，特别是课堂操作中要将此教学法贯彻始终。然后进入选手认为最为重要的部分，即实实在在的教学过程。该过程分为三个阶段，即主要以唤醒学生已有知识为核心的"前任务阶段(Pre-task Stage)"、以训练学习策略为主的"中任务阶段(While-task Stage)"和以语言输出—辩论为主的"后任务阶段(Post-task Stage)"。三个阶段任务明确、详略得当、交互性强，体现出以听说为主的教学重点和难点，如在第二阶段所设计的词汇、听的理解、讨论等，以及在第三部分设计的辩论都很好地把视频材料的难点做了恰到好处的讲授和练习，较好地实现了语言知识的掌握和语言技能的训练有效结合。

从完整的一堂听说课设计来看，该选手讲出了其完整性、合理性和可操作性，内容涵盖了视频材料的主要内容。最难能可贵的是，选手在教学设计的过程中，始终以二语习得的理论与方法作为大环境，每项具体教学任务的设计也尽量考虑语言教学与学习的规律，即由简到繁、由易到难、由里到外、由个体到大众等因素，使得整体框架听起来既宏观又微观，整体性较强。

与授课部分没能充分回答外教提问相比，该选手显然积累了经验，在说课的问答环节反而表现得也可圈可点，比如在回答第一个问题时，即要求选手解释他选定任务教学法的原因并保证用此方法的教学效果时，选手表现得沉稳、大方，且用internal coherence和external variety两个标准把自我定义的任务教学法阐释得非常到位。在回答第二个问题时，即被要求解释视频中食物链倒三角的含义和其目的时也环环紧扣，紧紧围绕问题作答，取得良好效果。

(视)听说课组二等奖 陈媛媛

参赛感言： 学然后知不足，教然后知困，赛然后知奋进。

选手简介：

陈媛媛，籍贯湖北宜昌，本科及硕士均就读于华中科技大学外国语学院，现任教于广东外语外贸大学英语教育学院。曾三次获校级优秀教学奖，并获得校级"优秀教师"及"优秀本科生导师"称号等。2011年12月获首届全国外语院校大学英语教师说课大赛特等奖；2013年5月获"外教社杯"全国高校外语教学大赛广东赛区视听说组一等奖；同年7月获外研社"外语教学之星"称号。主持校级科研、教研项目各一项，参与国家级、市厅级项目各一项。

参赛心路历程

陈媛媛

苏格拉底说："认识你自己。"2013年5月至11月，整整半年，这句话在我脑海中无数次重现，体会日久弥深。在学校、学院领导和同事、朋友们的鼓励、关怀和帮助下，我有幸参加了外教社举办的全国高校外语教学大赛，并幸运地从省赛一路走到决赛和总决赛，从无知到有知再到无知，这一段难忘的经历让我再次懂得人生道路上谦卑与向学的要义。

2006年工作至今，非师范专业出身的我，全凭着一腔热血，秉着师傅带徒弟的想法，将自己平日所学所想全盘托出，而学生们则根据自身喜好，各取所需，各找各路，数年下来，有辅修英语双学位立志毕业当老师的，也有毕业后转攻英语专业出国读研的，更多的是对英语学习目的的转变，除通过四、六级之外，还追求阅读经典、广泛涉猎、提升自身人文素养……但慢慢地，在经历了"初恋期"、"热恋期"和"蜜月期"之后，我的职业生涯进入了"平淡期"和轻度"倦怠期"。此时，我才猛然发现自己这些年一直都在"吃老本"，长此以往恐怕危险，是到了让自己夯实理论基础、提升教学水平的时候了。

很幸运地，2013年5月的省赛成为我学习的契机。领导和同事的鼓励与无私的帮助，加之自身的学习心态，促使我能够轻装上阵，每一次学院培训我都能从专家们那里学到新的理念和知识，线下的教学法与教学理论知识学习又加深了我对教学的理解，数次出外研修学习让我反思和体会到教研相长的乐趣，跟学生演练总能让我找出问题不断改进，与同事聊天也给了我无穷的灵感，在备赛的同时我将这些思路和想法融入正常课堂，学生与我同时成为最大的受益者。如果说省赛的成绩让我对自我更加肯定，无知者无畏的平常心态和边学边赛边进步的状态则是我这一年最大的收获与修为。

在11月的全国决赛备赛中，所有选手提前半个月拿到决赛题目。拿到题目后，连续几天理解视频文本，听取了同事们多种不同的解读之后，画了数份图，做了数份教案，又数次全部推翻重来，然后再次听取同事们特别是视听说课专家老师的意见之后，在决赛前五天终于定下一个本子，决计不再大改，然后是细节的推敲设计和密集的排练。写到这里，我心中又一次涌起无限感激，董金伟院长、陈金诗副院长两位领导对比赛高度重视，其他领导全力支持，我的同事特别是朋友们在赛前一周除了正常的上课之外，完全放下自己的工作、孩子的学习，帮我一次又一次地排练、改进，囿于篇幅恕不能一一列举他们的名字，但感激已全在心底。曾丹老师一路陪同我到上海参赛，付出很多很多……拥有这些可亲可敬的领导和同事并得到他们的支持与帮助，身在这样一个优秀而强大的团队，我想我是真的很幸运！

11月10日至12日的决赛和总决赛无疑使我视野大开，与来自全国各省市的佼佼者们交流切磋，见识了高手们精湛的教学设计、绝妙的教学思路和新颖的教学理念之后，我不禁心生佩服，也深感痛快，大学英语教学前路仍然光明！赛后遇到的每一位专家所给的每一句评语都让我细细咀嚼，不断回味。杨治中教授和李力教授在颁奖典礼上所做的细致点评无疑是鞭策我前进的巨大动力，能够亲耳聆听国内外的顶级教授专家们给我们年轻后辈的字字箴言，我深感幸运！"学然后知不足，教然后知困。"感谢外教社举办的这一赛事，让我们反思教学，以教促学，以教促研；感谢我的领导、亲爱的同事、可爱的学生和恩师们，感谢我的父母、先生和儿子，你们让这一切变得真实而有意义。

77

授课点评

李霄翔教授点评：

该教师授课体现出以下几个特点：
1. 英语基本功扎实，语音语调纯正流畅，教态自然，语言表达准确清晰。
2. 课堂教学活动设计合理得当，各项活动之间过渡自然。主题导入生动，能有效调动课堂教学气氛。
3. 课堂教学活动中师生与生生互动频繁活跃，能够在教学活动中娴熟地展现出启发、提示、转述、总结、引导、辅导、答疑等技能，体现出较高的课堂掌控能力和组织协调能力。
4. 教学板书应用自如，字迹端正；多媒体演示稿与教学活动能有机结合，起到较好的辅助作用。
5. 在问答阶段，能够准确理解专家提出的问题，应答思路明晰，层次清晰，表述清楚、自信且流畅。

有几点建议：

1. 当采用真实视频资料作为听说训练素材时，在练习设计和操作的过程中可能在难易度控制上偏难了些，比如直接采用口语应答形式来检测学生对视频篇章的整体宏观理解。如果先采用笔头练习然后再口头练习，将会起到很好的信息重现作用，为听力技能向口语技能转换做好认知层面上的铺垫。也可以提供些文字素材，帮助和引导学生抓住视频所呈现的信息重点。

2. 视频素材仅播放一遍就紧接着展开多项填空和口语应答练习，这在真实课堂教学中会显得输入信息不足，必然会影响到深层次的理解和输出性练习的质量。在对整个视频素材加工处理时，对语言技能学习的目标显示得不够明确，进而在课堂操练过程中，controlled exercises应用有余，而semi-controlled和open-ended exercises则显得不够充分。

3. 尽管有词汇训练的练习，但在整个听说训练中，语言的功能和意念重点尚不明显，语言技能训练尚不够充分。如果将视频中语用功能显著的重点句型列举出来，适当强调并引起学生的重视，再辅之多种技能转换练习，能更好地达到语言技能训练和提高的目的。在整个课堂活动中，关注视频信息处理大于关注语言技能训练，这就会使得基于基本信息源的拓展性训练略显不足了。

樊葳葳教授点评：

陈媛媛老师成功有效地进行了一次听说课的教学。该教师在开始上课时就明确告知学生，通过学习"Africa from the air"这段视频，学生不仅仅要理解这段视频的主要内容，还要重点思考人与自然的关系。如下面的Teaching objectives所示：

Teaching objectives

Understand how humans intrude on animals' habitats and how they repair the mistakes

Practice predicting (listening)

Present ideas with examples (speaking)

Evaluate the relationship between human and nature

这样的设计和安排让学生对他们所要完成的各项任务一目了然，而且非常清晰地提出了教师对他们的期望。Evaluate the relationship between human and nature是一项很有意义的教学目标，通过听和看的输入，学生在理解内容时，也同样在关注这段录像所要传递的主旨意义，进而在评价人与自然的关系时能够有的放矢。

针对录像内容，陈媛媛老师将这段视频分成了两部分，共设计了两个大问题，针对第一部分的问题是：How do Africa's animals suffer from human intrusion? 通过与三位学生的交流，该教师成功地将这段视频的主题呈现，即The animals are in danger because their natural habitats are **losing ground** to human development. 值得一提的是该教师在描述主题时，给学生提供了有用的语言表达提示，即losing ground这个短语的使用。第二部分的主要问题是要求学生了解更多的详细信息，如Mala Mala Game Reserve和Katavi National Park这两个公园里动物的生存状态。由于关于这一部分的问题比较具体，学生在观看时有针对性地记录了信息，结果在后面与教师交流时，就较顺畅地将信息复述了出来。另外，教师一边跟学生交流，一边将关键词写在白板上，这样的教学演示也是在提示学生如何在听看时，记录与关键信息相关的关键词，起到了潜移默化的作用。最后陈老师将学生分成两组讨论了两个非常有意义的问题：

1. How humans have destroyed nature
2. How humans can protect the nature

后面的教学安排以及与学生的互动均设计得有张有弛，很有效果，体现出陈媛媛老师明晰的教学理念以及对该节课教学的精心设计。总而言之，这是一节非常有效地利用影视资料进行教学的听说课。

20分钟的课程时间非常有限，故在此授课过程中，尽管教师非常努力地调动学生的积极性，鼓励学生回答问题、思考问题，但是从与学生的交互这个方面来看，学生在课程中的参与性和主动性还可以有所加强。

说课点评

邱东林教授点评：

陈媛媛老师的说课教学任务和教学目的明确、合理，重点突出：既有语言知识的讲解，又有技能的操练；既有课堂的内容，又有课外的任务，较圆满地完成了说课任务。她语言流利，口齿清楚，节奏有度，表达准确，听她说课是一种享受。

总体而言陈媛媛老师的说课有以下几个亮点：

首先，她具有较强的教学理论知识。她在回答第一个问题时提到Merrill Swain的Comprehensible Output Hypothesis，并把这一理论应用到说课中：课前让学生到图书馆、资料室查有关这个主题（food wastage）的资料（input），学生能在现有的语言知识和要表达的信息之间找到差距（gap），通过课堂学习和操练来弥补这些差距，这就是学习的过程。在毫无准备的情况下，陈媛媛老师回答如此准确、全面、深刻，充分说明她具有较强的理论基础。如果再能围绕Swain提出的输出三大功能，尤其是第三功能展开：Noticing function, Hypothesis-testing function and Metalinguistic function，那就完美无缺了。另外她在说课一开始提出过"多元识读教学法"（multiliteracies pedagogy），可惜对此没充分展开。

其次，她设计的练习独具匠心。如，让学生第二次观看视频时，要求学生提出解决这个问题（food wastage）其他可行的办法（come up with other solutions for the problem）。这样做，既围绕着教学内容，又不完全局限于它。这对学生来说是一种挑战：因为他们既要听懂视频的内容，又要表达自己的看法，这样就把听和说有机地结合起来了。Eli Hinkel (2006) 曾提及目前的听力教育有两种相互补充的方法，第一是把听力和其他技能相结合，如口语、语法学习、词汇学习等等；第二是把听力和认知及元认知策略结合起来，以促进听力的进步。陈媛媛老师做到了。另外，陈媛媛老师让学生展开小组讨论的方式，也颇有新意：小组成员不固定，这样学生之间有更多的交流机会（so everyone will meet some new group member），也会激发学生更强的学习兴趣，更清楚地知道自己与其他学生之间存在的差距。

不足之处在讨论环节，设计得比较单薄。这也是几乎所有选手的通病，他们都把主要的时间和精力花在"听"方面，而把"说"放在次要和从属的地位，往往根据"听"的内容来设计"说"的话题。有些选手只花几分钟的时间将"说"一带而过。其实"说"有它自己的体系，有它自己的内容和自己的方法。可以说，现在的"听说"课，实际上是"听力"课。听力课可以开设"听说"课、"听写"课、"听读"课。口语课可以开设"说读"课、"说写"课，等等。所以对大学英语课来说课程建设非常重要，希望陈媛媛老师能在这方面做出有益的尝试。

王俊菊教授点评：

陈嫒嫒老师的说课基于一段关于"wasted food"的视听材料，由两部分组成，分别是"My understanding of the video"和"Teaching Plan"。

陈老师对视频材料的讲解，从内容（content）、结构（structure）、特点(feature)等方面展开。她对材料的理解全面，抓住了本段视频的要点和要义，表现出良好的心理素质、扎实的语言基本功、优秀的记忆力和总结概括能力；但对结构和特点的讲述较少，只简单提及了个人感受，并未真正触及材料的结构和特点。

谈到教学计划时，陈老师提到了目标（Objectives）、重点难点（Focus & difficulties）、方法（Methods）、步骤（Procedure）等内容。具体的教学环节和技巧包括：

(1) 使用图片点明主题："食物浪费现象严重"，目的是提高学生的学习兴趣；
(2) 考虑到学生的特点和水平，放录像两遍。第一遍针对细节性问题；第二遍重在听写、复述，目的是口语练习。
(3) 使用小组讨论（group discussion）、信息交换（information exchanging）、小组展示（group presentation）、角色扮演（role play）等形式。

但在实际讲解中，陈老师并未把教学计划的四个部分清晰得解释出来，有些凌乱，层次感不强。

陈老师提到，她布置的作业是一个项目（project），希望学生在课下设计出折页（brochure）、布告（poster）等形式，引起人们对食品浪费现象的关注。但是，这样的项目设计能否体现真正意义上的项目教学，还值得进一步思考。

整体看来，陈老师的语言流利自然，现场表现沉着冷静，表现出良好的心理素质和优秀的职业素养。

不足之处在于：(1) 设计的课堂活动有些纷杂，而从实际的课堂教学效果看，课堂活动形式并非多多益善。(2) 说课过程中提到的comprehensible output、output theory、output-driven model等术语的使用不准确，对相关习得理论的掌握有囫囵吞枣之嫌。(3) 对问答环节第二个问题的回答不到位，更多涉及宏观思考，并非重点句子的内容层面和语言层面的理解和讲解。

(视)听说课组二等奖　陈国苹

参赛感言： 教途漫漫，吾将上下而求索。

选手简介：

陈国苹，内蒙古科技大学讲师。2010年毕业于德国卡塞尔大学，主修英语和经济学，并获得硕士学位。2007年秋季学期曾以交换生的身份在美国威斯康辛大学绿湾分校学习。曾获第二届"外教社杯"全国大学英语教学大赛内蒙古赛区听说组二等奖。

学然后知不足，教然后知困

陈国苹

比赛期间，吾甚幸与诸位优异师者相识，与之切磋交流，受益匪浅，喜不自胜也。毫无虚夸，如此比赛乃吾从教之星光大道，亦为吾生甚为重要之历练，吾深有所获。

比赛后，余深知自身之不足，当增益吾所不能，正所谓："学然后知不足，教然后知困"。讲学之际，吾虽如鱼得水，然说课末节崩盘。吾思良久，遂得之。此况始自心态非成，此等盛事，断非吾辈轻易可观，故吾当增其心质，以补之空缺。

从教数年，吾深知"师者，所以传道授业解惑"之道。余以为，讲学贵在心境。智者不为物动，境变则需视变，唯心

境不变之。为师者，承先辈之志，敬饱学之士，弘明德之道，育栋梁之才。然外语教学当因人而异，因地制宜。教学之本（质），当以学生为主，循循善诱，切不可照本宣科，墨守成规，使其求学而无动力可寻。当真诚传授，而非过场演绎；当热情互动，而非独角唱和。吾生常与吾辩论，常言：敢以英文与吾一辩乎？每每于此，吾无不欢喜，甚感欣慰。总而言之，英语教学，乃一门艺术。从事外教，实为享受，与诸生相交，更为人生之快。视教学为乐趣，方能乐在其中；视教学为使命，方能诲人不倦；视教学为动力，方能奋斗不息。

身为参赛者，吾深感举办如此规模之大赛，实之不易，故对外教社师者之精心组织深表感谢。余得佳绩，自感欣喜，言表谢意，情不自禁。此次获奖，实蒙内蒙古科技大学沃土之熏陶，学校于教师培养工作之重视，亦得指导教师贺根有教授之倾力帮扶。诸位支持鼓励之言行，造就吾与国内之同行，展教学成果之自信，实乃吾之大幸。

英语教学绝非三言两语，其中乐趣，其中精华，其中魅力，仍需吾辈共寻之。此次大赛，无外是完美博弈。此间经过，历历在目，感悟良多，弥足珍贵。一路而来，吾甚感目标之明确，责任之重大；吾当心怀真诚之感，享受英语讲台之乐，演绎平凡师者之彩。教途漫漫，吾将上下而求索。

授课点评

杨惠中教授点评：

这是一堂组织得很好的有效的英语视听说课。

热身阶段，授课老师通过对话，简单回顾日常生活中接触到的各种能源，导入本课主题Solar Power，将学生思维迅速调整到课程中。授课教师把对话中涉及的各种能源一一列举，通过动画演示，把各种能源分为non-renewable和renewable两类，既复习了相关词语，也为后续练习做了铺垫。

紧接着，交代本节课的教学目标，即听力训练的目标是掌握主题思想和信息细节，口语训练要求能就太阳能的优缺点进行讨论，此外还要培养批判性思维能力和启发想象力，明确交代了本节课的学习任务。

示范课时间有限，授课教师只选择其中三段进行听说练习。在选择时注意做到既突出主题、又有利于学生在听懂的基础上积极进行口语练习，使听力练习和口语练习有机结合起来，在教学内容和安排上循序渐进，环环紧扣。

第一遍是泛听，听之前先提出两个一般性问题。第二遍还是泛听，要求结合视频材料内容，理解主要思想。第三遍听着重在语言点上，选择主题相关词语和预构成语块要求学生在听的时候重点注意，听完后做填空练习；在进行以上听力训练的同时还穿插进行词汇教学，告诉学生怎样使用同义词避免重复等等，这些铺垫为语言输出准备了条件。于是进入口语训练阶段，要求学生就使用太阳能的优缺点从正反两方面进行讨论（PPT 1）。授课教师非常重视预构成语块的教学，把辩论中常用的词语和句套子以表格形式列出（PPT 2）。进行口语训练必须准备两个条件，一个是信息内容，另一个是表达这些内容所需的语言形式。在这一堂示范课上，授课教师经过上述铺垫，两个条件都已经具备，为学生练习开口说话提供了内容和手段，学生稍作准备即可做一分钟以上的即席发言。教学实践证明，这样的口语训练是有效的。当然，这样的练习是仿说练习，仿说的能力还不是自由说话的能力，但是仿说可以使学生做到不但有话可说，而且知道怎么说，

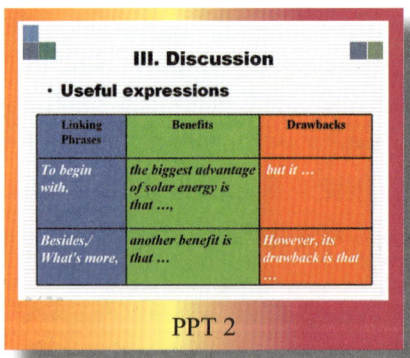

84

建立用英语说话的信心，逐步掌握说地道而且得体的英语的能力。如果学生能够每节课熟练地、有效地掌握一两个交际功能的表达法，举一反三地进行练习，加上课外操练，应能有效地养成英语口语交际能力。本节课进行到这里，授课教师就顺理成章地进入最后一个环节，布置课外作业，要求学生想象一种独创的利用太阳能的产品，不要求是否实际可以做到，只问是否独特，从而激发想象力，要求学生准备一段对话，包括书面的和口头的，书面作业交老师批改，口头作业在下节课上演示。布置课后作业做到了要求明确、注重细节，还提出了评估要求，这样才能收到实效。

总的看来，授课教师有很强的课堂设计能力，教学目标明确，重点突出，并能很好地控制整个教学进程，各项安排之间过渡自然、衔接流畅，整个过程由浅入深，妥善处理了语言输入与输出的关系，首先确保理解，然后在理解的基础上练习口语表达能力。授课教师英语语言基本功很好，还具备很好的应用语言学方面的理论素养。

刘正光教授点评：

陈国苹老师的授课具有以下几个方面的特色：

一、教材处理能力很强。其授课内容"solar power"是一篇科普读物文章，主要传达两个意思：太阳能老百姓用得起，用起来可靠。要在20分钟的授课里全部完整讲授完，会显得匆忙、难以突出重点。陈国苹老师主要选取了有关"用得起(affordability)"的内容。因此，20分钟的讲授有足够的时间细致完整地呈现各教学环节、教学方法和教学活动等。

二、教学目标明确、具体、紧扣教学内容。陈国苹老师非常具体地描述了本次课应该实现的三个目标：1) 听：掌握听懂大意和细节的方法；2) 说：谈论太阳能的优缺点；3) 批判性思维培养：通过讨论与作业来实现。这样明确的目标在后面的教学活动设计与教学步骤的实施过程中环环紧扣，整个授课一气呵成，显得真实自然。

三、以培养语言基本技能来提高听说能力。听说能力的培养，如果不以语言基本技能为基础，只能是一句空话。陈国苹在本堂课的三个环节中都用一些时间解决与听说内容相关的一些基本语言问题，尤其是在第二个和第三个环节，将重点词汇、短语、表达方法挑选出来，重点讲解和训练，巧妙地将内容理解和语言表达结合起来了。

四、技能讲解注重调动学习者的认知能力。如在讲解avoid repetition技能时，从语块学习途径出发积极调动学习者的图式知识，使新旧知识建立有机联系。这样更有助于激发学习者学习兴趣，提高学习效率。

五、节奏把握好，表达清晰、准确，课堂互动性强，气氛轻松、活跃、张弛有度，反映出很好的专业修养、较强的课堂掌控能力和应变能力。

一个值得进一步思考的问题：课外学习内容怎样与课程性质和学习目标紧密联系起来？视听说，顾名思义，视和听既是输入的内容又是输入的方式。因此，课后应该有一定的视听内容作为语言实践的基础，这样才能更好地提高输出（说）的效率。

说课点评

杨惠中教授点评：

本选手首先对视频材料的内容进行了分析，认为这一段视频提出了一个重要问题，即节约粮食的重要性；视频内容分为两部分，第一部分充分展示浪费粮食问题的严重性，第二部分探讨解决的方法，重要的是每个人都可以而且应当为此做出贡献。授课教师认为这一段视频材料语速快，含有相当多的语言难点，适用于中等以上水平的学生。

通过分析，授课教师确定以下教学目标：

1) 掌握重要的主题相关词语；
2) 掌握"提出解决方案（propose solutions）"这个语言交际功能的相关语言表达方式；
3) 提高学生爱惜粮食的意识。

授课教师的分析是正确的，事实上本段视频材料含有丰富的语言重点和难点，非常适合语言课使用，例如主题相关词语：growing, processing, packaging, transporting, marketing, 以及food wastage pyramid, landfill, biodiversity, marine habitats等等；数和量的表达法也是学生困难所在，如one third of …, 28% of …, some 3.3 giga tons of …, 以及That equals the total land area of …, equals the annual flow rate of …等等；此外，还有大量预构成语块需要重点掌握，如we cannot afford to …, enhance the ability of producers to …, Launch the awareness raising campaigns to …, has a part to play …, 以及along with, above all, It means that …等等，这些都是就本课主题进行讨论、组织连贯话语所必须掌握的。

授课教师在分析视频材料内容的基础上，提出了合理的课程设计。

Before watching: 通过师生对话，对Food wastage问题进行头脑风暴，调动学生已有的知识图式，为听力理解做准备。

While watching: 进行必要的语言铺垫，讲解相关词语的意义和用法，为听力理解创造条件。第一遍听，要求掌握主题思想，理解浪费粮食不但是个经济问题，而且是个环保问题，是对自然资源的消耗；第二遍听，要求理解 It will take the commitment of all to …, 同时设计一个填空练习，让学生着重找到关键词语。

Post watching, 设计一个discussion练习，主题是The solution starts with you. 和Small efforts add up. 要求学生分不同角色（food producer, food retailer, individual consumer, policy-maker) 提出解决方案，同时以表格形式列举相关的Useful expressions，供学生进行仿说练习。

最后，授课教师还提出了对教学效果进行自我评价的方案，检查学生是否掌握了相关内容，检查是否做到了教有实效、学有实效。

在回答问题阶段，授课教师能够正确说明课程设计的教学法理论基础。

从说课过程来看，授课教师能准确理解材料内容，有效确定教学重点和难点，重视语言点的讲解和操练，为语言技能训练准备条件，正确处理语言输入和输出的关系，课堂教学任务安排合理，教学目标明确，是一个很好的课堂教学设计。

授课教师英语口语流利，表述准确，还力求在语言教学中融入人文教育思想。

刘建达教授点评：

该选手对教学视频材料理解准确，能在限定时间内准确把握材料的核心内容，即浪费问题及解决的方法两个层面的中心内容。围绕这两个层面的核心内容，该选手能比较合理有效地确定教学的重点和难点，即关于"浪费"现象的语言知识、寻找解决方法的思辨训练和文化层面的探讨。教学内容安排合理，教学步骤交代较清楚，例如学生观看前的头脑风暴思考，引导学生描述他们所看到的浪费现象；然后学生观看两遍视频，第一遍理解主旨，第二遍分问题和解决方法两个阶段解释，对语言知识进行讲解和操练；第三个教学步骤是个很不错的提升活动，激发学生从不同的角色来探讨解决浪费现象的办法。最后该选手也强调了评估环节，鼓励学生检测自己在本堂课中的收获。整个课堂设计完整，任务活动环环相扣，衔接流畅、合理，拓展延伸活动也得到较好的呈现，较好地体现了她自己的ESA教学理念，将经验、技能及态度融汇在该堂课的设计中。

但是该选手设计的四个教学目标中，第四个关于文化层面的思考似乎在教学步骤中没有得到很好的体现。另外这个课堂设计没有课后练习环节，该教师在回答问题时坦陈其失误。对说课时间的把握还有待提高。

该选手口语表达流利、准确，同时在说课过程中能看出该选手知识面较广，思维敏捷，有较好的人文素养。评委提问其教学理念和活动安排的理据时，该选手的回答比较准确到位、简洁明了。

(视)听说课组二等奖　梁熹

获奖感言： 人生的乐趣在于永远不知道下一步会发生什么，挑战自我，把握机会，赢得明天的主动权。

选手简介：

梁熹，湖北武汉人，本科就读于江汉大学外国语学院，目前为华中师范大学英语语言文学专业硕士在读。2007年至今在武汉科技大学城市学院任教。2008年7月参加了由外研社主办的"全国高职高专英语教学与教法研修班"，在其教学演示比赛中，获得全国一等奖。2009年3月参加武汉科技大学城市学院第四届青年教师讲课竞赛，获得三等奖。2013年2月参加武汉科技大学第八届青年教师教学竞赛，获得二等奖。2013年9月参加第四届"外教社杯"全国高校外语教学大赛湖北赛区(视)听说组决赛，获得特等奖。

天道酬勤

梁熹

第四届"外教社杯"全国高校外语教学大赛全国总决赛已经落下帷幕。回到学校的我，也恢复到了忙碌模式。上课，改卷，指导学生论文……然而外教社编辑一通让我准备获奖感言的电话，勾起了我两周前在上海参加全国总决赛时的回忆。所有的压力、焦虑、不安仿佛一瞬间又重回心头。原来，这一切我都不曾遗忘，这一切都历历在目，格外清晰。

从事英语教学工作以来，大大小小的教学比赛参加的不算少，但是这次"外教社杯"全国高校外语教学大赛却是我参加过的级别最高、覆盖面最广、影响最大的一次外语教学大赛。自己也受益匪浅，感慨良多。

首先，我想表达对身边团队的感谢。从抽到决赛题目——Island Paradise开始，以人文学部崔艳萍主任带头、主任助理冯新艳老师及各个教研室主任为主体的参赛辅导团队就给予了我最大力的支持。视频到底怎么用？是一次播出，还是按照教学步骤分割成若干部分？视频到底想展示什么？是单纯的环境问题，还是人类不断膨胀的对自然资源占有的欲望？课堂教学怎么设计？怎么样才能最大程度地调动学生与老师互动？从抽题到参赛这两周，我身边的团队无私地提供着自己的观点和看法，不断地陪着我练习，修改，再练习，让我获得了很多宝贵的建议和意见。我的恩师陈凯老师也给我提了许多好的建议。同时，要感谢城市学院领导给予了多方面的大力支持，还要感谢湖北省高等教育学会大学外语教学专业委员会领导们的高度重视与指导。我今天取得这样的成绩，和大家的支持是分不开的。

其次，学生们也是我不断进步的动力。从一开始，他们就不断地为我加油鼓劲。抽到全国决赛题目后，大家一遍又一遍陪我彩排，不断地提出他们自己的看法："老师，你是不是说得太快了？""老师，这一部分是不是应该多播放一次视频？""老师，你的手势应该改一下，要更具感染力。"去上海比赛的时候，大家也是时刻关心我的表现，给我鼓励与支持。在学生们的心中，无论我取得什么成绩，我都是他们的老师，都是他们亲爱的Allan哥。

最后，我想谈谈这六年来我对英语教学的一点想法。"教无定法"是我深信的一个观念。无论怎么教，一定要让同学们在课堂上可以快乐地学习。为了达到这个目的，我会在课堂上设计一些小的环节，例如授课之前的Duty Report，让学生用英语来阐述一个自己感兴趣的话题，活跃课堂的气氛。上课时会把同学们分成若干讨论小组，用TBLT(Task-Based Language Teaching)的方法，将任务布置下去，让同学们在自己的小组讨论，消化这些任务，然后每组选出一个speaker来阐述他们的观点。这样，一节英语课就可以从teacher-dominated变成students-oriented，学生学习的自主性、积极性都得到了极大的提高。Let the language grow on you. 只有这样，才能真正掌握学习的精髓。

授课点评

杨治中教授点评：

梁熹老师本课讲授的内容是太平洋小岛Tuamotus的地理位置、岛上居民的生活以及全球变暖对小岛的影响。

我认为梁熹老师的授课表现在以下几方面较为突出：

1. 课堂安排合理，条理清楚。从讲解paradise一词引入本堂课主题，从介绍Tuamotus岛上居民的生活到global warming对该岛的影响，最后联系到人与自然的和谐相处结束本堂课。
2. 课堂教学生动，气氛活跃。师生之间和学生之间多有互动，学生讨论时梁老师能来回巡视，并小声给予指导。学生回答问题时能注意以表扬为主。
3. 注意拓宽学生的思路，培养学生的综合语言运用能力。1) 在解释paradise一词时，能联系Bible里的Eden 和John Milton的诗歌"Paradise Lost"。2) 在学生讨论global warming时，要求他们使用本堂课所学的句型。3) 在学生观看视频时，要求他们做记录，并在此后列出的诸多活动中选出岛上居民实际从事的活动。
4. 课件的设计对教学起到了很好的辅助作用。另外，梁老师在讲解coral一词时，还注意使用实物道具，以加深学生的印象。

谨提几点建议供作参考：

1. 梁老师口语相当流利，但准确尚有欠缺。希望加强自身语言基本功的训练，避免出现诸如may refers to, if you enjoying, They are college student, several advantage and disadvantage, some of the activity等语法问题，evaluate、complete 和process等词的重音也有问题。
2. 梁老师在授课中注意培养学生的critical thinking能力，这一点并没有错，问题是要摆正它与语言能力训练二者之间的关系。我认为，我国大学生学习英语过程中主要的困难还是语言表达能力的欠缺，而不是思辨能力的不足。如果要他们用汉语表达同样的思想，他们可以表达得相当丰富多彩，但为什么一用英语表达就较为单调甚至结结巴巴呢？主要还是受到英语语言能力的限制。所以教师在英语课堂上应该把主要精力放在语言能力的训练上，各项活动的安排还是要有利于打好学生的语言基础。这一点其实从提问人的第一个问题中也可得到启示，这第一个问题问的就是如何在课堂上处理好critical thinking与语言学习的关系。
3. 板书要注意写得工整，字体不要太小，不能潦草，要让学生看得清楚，要对学生起到示范作用。

束定芳教授点评：

梁熹老师首先让学生讨论心目中的"paradise"，以其作为Warm-up，引入课文中的相关内容。选手设定的教学目标是帮助学生关注听力材料中的"细节"（detailed information），同时训练学生的"批判性思维"，帮助学生学会通过运用某些句型表达自己的观点，但选手并未列出相关的句型。

选手在学生听材料前，提供了一些可能的选择，帮助学生集中注意力。在学生第二次听材料时，提供了填空练习，要求学生提供具体的信息。要填的基本上是关键词。

在随后展开的讨论中，教师要求学生针对What's your view on global warming? 发表自己的看法，但教师事先为学生准备好了答案，学生只需选择或朗读，未能真正有效地开拓思维，培养批判性思维能力。而且，讨论的主题虽然与教材内容有关联，但却未能要求学生运用材料中出现的语言表达。其实，教师教学过程中也未能充分挖掘材料中的语言点，并引导学生进行相关训练。

选手教态比较自然，语言表达也比较流畅、准确。

说课点评

杨治中教授点评：

梁熹老师本次说课的内容是关于食品浪费（food wastage）的话题。我认为梁老师的说课表现在以下几方面较为突出：

1. 课堂各个环节安排合理，给学生的教学要求明确，基于任务的教学方法和涉及听、说、读、写各项技能的课堂活动都有利于学生综合语言运用能力的培养。
2. 通过具体数字指出食品浪费现象的严重性，并提出解决食品浪费问题的具体建议，对学生能起到很好的警示和启迪作用，有一定的教育意义。
3. 在授课中能联系到中央号召的餐饮"光盘行动"，颇有现实意义。
4. 能针对提问人的问题作答。

谨提几点建议供作参考：

1. 在课堂上多安排一些语言能力训练方面的练习和活动，不必过于强调培养学生critical thinking的能力。
2. 对国外的某些二语习得理论和教学理念要理性地采用，要探索适合中国大学生、尤其是适合本校所教学生实际情况的外语教学法，这样才对学生更有针对性，才能取得更好的教学效果。
3. 注意加强自身语言运用能力的训练，打好更为扎实的语言基本功。本次说课过程中出现的语言表达方面的问题，如equal一词作动词和形容词的用法，wastage一词的读音，people who runs the market, can brought, they have beared in mind, figures hard to deal等语法上的欠妥之处，须引起足够的重视，以防止其固化。

杨惠中教授点评：

本选手首先对听力材料进行了分析，认为整个材料分为两部分，第一部分指出浪费粮食问题的严重性，第二部分提出解决的办法。据此，把本节课的教学目标设定为：

1) 掌握主题相关词语，尤其是数字以及相关表达法；
2) 培养参与讨论的能力，发展批判性思维能力；
3) 思想方面，教育学生爱惜粮食、防止浪费。

在这一分析的基础上，授课教师决定采用任务型教学法，把课堂活动分为三类进行设计：information gap, reasoning gap和opinion gap，并进一步说明第一类练习是训练把已知和给定信息转达给别人的能力，第二类练习是培养由已知信息通过推理获得新信息的能力，第三类练习则是形成并说出自己的观点的能力。

根据这样的设计，整个课堂教学分为三个部分：

1. 热身阶段：通过头脑风暴把学生注意力聚焦到本课主题，调动学生已有知识图式。

2. 听力理解部分：重点让学生掌握英语中相关的数和量表达法，如：one third of all the food the world produces …, 28% of the world's agricultural land …, 250 km^3 of world's water …, the amount could cover all the world's household water needs, equals the total land area of …等等。这样处理是正确的，因为只有听懂了这些数字，才能充分理解浪费粮食问题的严重性。英语中数和量的表达法与中文有很大差异，是学生学习的难点之一，需要重点练习。为此授课教师设计了填空练习，引导学生通过精听找到相关的表达法，为随后的口语练习准备条件。视频的第二部分则要求学生听懂为解决粮食浪费问题提出的办法。

3. 口语练习部分：要求学生从粮食生产、销售、消费过程中各不同角色的角度进行讨论，提出解决办法，练习口语，同时发展思辨能力。课外作业要求学生上网查阅资料，比较中外在处理粮食浪费问题上做法的异同，下节课演示，把课内学习与课外学习结合起来。

这是一堂设计得很好的语言课，授课教师对所采用的教学法有充分的理解，并能在课程设计中充分体现自己的教学理念，教学目标明确，任务安排合理。授课教师对听力材料的分析和理解深入到位，能正确确定教学重点和难点，有目的地设计教学活动，有机地把语言知识的讲解和语言技能操练结合起来。

本选手英语流利，并能准确且充分地回答提问。

(视)听说课组三等奖　唐慧君

参赛感言： 这次比赛，是我职业生涯的一次洗礼。我不仅收获了宝贵的知识，也收获了成长与快乐！

选手简介：

唐慧君，成都大学教师。本科毕业于华中师范大学英语系英语教育专业，后赴英国攻读英语语言学硕士、博士。2011年进入成都大学外国语学院任教，主要讲授大学英语视听说、英语口语、英语语言学概论等课程。2013年6月获第四届"外教社杯"全国高校外语教学大赛四川赛区视听说组特等奖。

真诚的交流，美丽的绽放

唐慧君

此刻回顾第四届"外教社杯"全国高校外语教学大赛全国总决赛，仿佛就在一瞬间。从今年6月参加四川分赛区的初赛、复赛、决赛到11月在上海的全国决赛和总决赛，半年的时间在不经意间就过去了。在这半年，通过这次比赛，我经历了职业生涯的一次洗礼，收获了宝贵的知识，也收获了成长与快乐。

起初得知有这样一个比赛的时候，是完全抱着学习的心态去报名参加的。我参加工作的时间不长，虽非常热爱大学英语教师这样一个职业，但教学的经验是明显不足的。我从学校的其他老师身上学习到了很多关于教学的宝贵知识，比如如何设计好一堂课、如何更好地在课堂上与学生交流、如何让知识的输出更加有效等等。每一次听课的过程我都很享受，都觉得有所收获。所以，外教社举办的全国高校外语教学大赛更是我不愿意错过的一次聆听和学习的好机会。在分赛区的比赛中，我与来自全省五十多所高校的外语同行一起探讨交流大学英语教学的理念和方法，互相取长补短，共同进步。在经历了初赛、复赛和决赛之后，我有幸胜出，获得了代表分赛区其他老师去上海参加全国决赛的机会，我觉得非常荣幸也十分高兴。

在去上海参加全国决赛之前，心里其实还是有些忐忑的。想到要跟来自各个分赛区的冠军一起同台竞技，紧张是难免的。说来也巧，我抽取的全国决赛授课的视频材料就是讲述压力的，正好应了心里这个景。适当的压力其实并不是个坏事儿，它能让我们分泌出更加积极有效地完成任务的荷尔蒙。和压力交个朋友，其实我们会更快乐！事实上，这次全国决赛确实让我体会到了这一点。从一下飞机就赶往赛前培训现场到历时两天的决赛和最后的总决赛，我觉得一刻都没有松懈过，总觉得有那么多可看的，可听的，可学的。这样如同学生的状态，我很喜欢。每一位参赛选手在台上的授课都是非常精彩，每一位专家的提问都十分精辟、发人深省。我想，唯独也就是在这样一个舞台上，我们才能如此高效地吸入这么多宝贵的专业信息。所以，不管最后比赛的结果如何，我都是不虚此行了！

我一直觉得，语言是一种异常美妙的事物，它不仅能用于平常的交流，还可以让我们体会他人的领悟，品尝字里行间的韵味。学习语言应该是一件自然而快乐的事情。我会把参加这次比赛的经验和从中学习到的知识带入我今后的教学工作中，让我的学生能在最自然的氛围中学习英语。希望他们能用探索的心去学习英语，像一个初生孩子那样去自然地学习英语，把对未知的好奇变成学习的动力，在英语的世界里得到自我认同，还有无尽的快乐！作为一名大学英语老师，我要走的路还很长，我愿意面带微笑，怀揣着爱与希望，向着阳光，一路前行！

授课点评

杨惠中教授点评：

本堂课教学目标明确，教学过程合理流畅，各教学步骤衔接自然。授课教师根据课文材料特点，听力理解方面，仅要求学生把握文章主题思想，在这一基础上组织语言产出训练，包括复述和讨论，以培养说的能力。

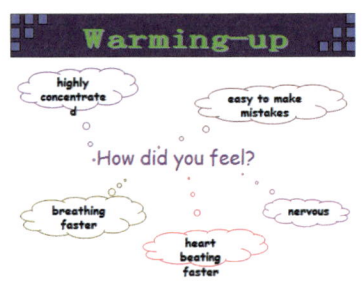

授课教师在交代了教学目标后，别出心裁地设计了一个数数的游戏，游戏并不困难，但是必须高度集中注意力，否则极易出错，从而巧妙地引入本课主题，以学生的实际感受，包括生理的和心理的，点出stress的要素，现实感强，能激发学生兴趣。

讨论stress问题，还要分为生理压力和心理压力，必然涉及许多医学术语，对于非医学专业学生来说，内容比较艰深，真正理解文章内容并不容易，更不要说就这一话题展开深入讨论了，据此，授课老师设计了分几次听的方案，第一遍只要求泛听，理解文章主要思想，抓住概要即可，听完后要求学生回答三个是非题，从学生回答情况来看，能够做到正确理解，这是听力策略训练。不过由于受听力材料内容的限制，基本上都是字面意义的理解，理解深度较浅。

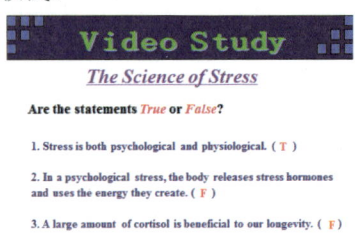

在理解的基础上，组织复述练习。在听第二遍的时候，只选择了片段进行精听，要求学生尽量找出关键词并记录关键词，授课教师通过幻灯片用直观的笔记符号表示不同概念之间的逻辑关系，为复述创造了条件，从课堂上学生的实际反映和实际产出来看，学生能够在有限的范围内复述视频材料中的相关内容，说明教师采用的方法是有效的。本课内容偏医学专业，比较枯燥，组织讨论并不容易，对师生都是挑战，但是授课老师用

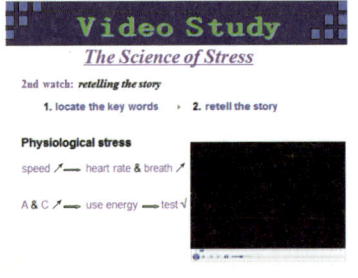

实践证明，只要方法正确，组织听和说的练习还是有可能的。优秀的英语教师，不但要教学生英语，组织学生进行多种练习，而且要教学生学习语言的方法，培养学生的语言学习策略，这样才能举一反三，通过反复操练，提高英语听说能力。正像授课老师在最后回答问题的环节所说，"授人以鱼不如授人以渔"，帮助学生掌握自主学习的方法，不断拓展，终身受用。

授课教师能流畅地使用英语，具有较好的课堂设计能力，能根据听说课的目的很好地设计相关活动，教学目标明确，时间安排合理，有很强的教学设计和课堂掌控能力。

如果要提改进建议的话，我认为在重视技能训练的时候还必须重视语言点教学，注重主题知识与语言知识的结合。为了帮助学生理解，使听力训练收到实效，需要根据学生水平，结合话题与功能方面的考虑，选择适当的语言重点和难点，做听前语言训练，这样不但可以帮助学生深入理解听力材料内容，而且也能拓展学生对相关词语和语法结构的理解和运用，为加强语言产出训练准备条件。

刘正光教授点评：

唐慧君老师的授课具有以下可取之处：

一、教学目标定位合理、适度。每单元的教学内容往往都是非常丰富的，教师在课堂上不能把所有内容和技能都作为重点来讲授，必须有所取舍。唐慧君老师根据本次课的内容特点，确定本次课的重点和难点都集中在一个基本点上：课文内容的大意理解与记忆，在此基础上训练学习者的口头交际能力（retelling和discussion），将所学的知识运用到实际生活中去。这样避免了面面俱到，实现一课一得。

二、处理难点的能力较强。本次授课的内容"the science of stress"对于刚进大学的学习者来说无论是在内容上还是理解上都有一定的难度。另外，本堂课重点训练的技能"retelling"涉及速记、获取关键信息等过程，掌握起来也非易事。唐慧君老师在第二遍听的过程中，将材料中的一部分内容（physiological stress）作为演示，既达到了教授方法的目的，又巧妙地将难点内容进行了有效分解和示范，简单明了，实用。

三、教学方法能有效地服务教学目标。课堂上教学活动的设计、教学内容的安排都紧紧围绕理解和复述能力的训练展开，教学过程清晰、流畅。注重学习者学习方法的训练。

唐慧君老师专业知识扎实，课堂教学语言准确、流利，课堂掌控能力和应变能力强，教态从容自然，亲和力强，是一位很有涵养的老师。

同样值得思考的问题是，怎样充分利用有效的课堂教学时间，使课堂教学内容更加丰富。事实上，教师们很多解释性的语言可能是学生已经知道的，或者稍加思考就能明白的，教师只需点到为止。重要、实用的语言表达式可以列举出来，要求学生在表达阶段有意识地运用。

说课点评

杨惠中教授点评：

本选手一开始就用一张幻灯片说明，本节课的教学目标是：听力训练要求掌握大意（general idea），口语训练要求通过复述（retelling）培养说的能力，这个教学程序基本上与授课阶段一致。

说课的任务是解释教学法理念，说明课程设计的理论依据和教学目标设定的根据等等。

课程设计的基础是对教学材料准确且充分的理解，但是选手说课过程中未能对视频材料从内容和语言两方面进行分析，选手对视频材料的评价仅仅是very interesting，并说（根据录像转写）"（12分25秒起）According to this video, there are some key words and high frequency words, … and not any technical words, so I think it's quite … easy for them to understand. So this step can be simplified. If the video … has involved in some difficult materials, we may do the language learning as the first step. We may spend about one third of the time doing that. And after that on top of the understanding of the main ideas, the students can practice their retelling skill."大体意思是说，这段视频很容易，没有必要花三分之一时间做语言训练，可以直接进行retelling技能训练。实际上，这段视频材料有相当难度，不仅语速快，而且语言难点也不少，仅主题相关术语和专门用语就有：landfill, biodiversity, imperfectly shaped vegetable, food wastage pyramid, expiration dates, the awareness raising campaigns, compost, biogas, marine habitats等等，表示数和量的词语有：one third of …, 28% of …, some 3.3 giga tons of …, … equals the annual flow rate of …等等，还有不少需要学生学习和掌握的预构成语块，如果不花时间在这些语言点上预作铺垫和准备，要充分理解视频内容是有困难的，更不要说用英语来表述这些思想了。

作为听力策略训练的一部分，可以在泛听的时候只要求理解大意，但是课堂设计不能停留在只了解大意的基础上，必须对听力材料的思想内容包括字面意义和隐含意义、对词语的用法等等有深入透彻的理解，才能做到游刃有余，有步骤、有层次地引导学生学习语言，提高听力理解能力，组织口语产出练习。

选手高度重视retelling技能的训练，但是未能对此进行充分的说明和论证，只是说（根据录像转写）："（3分28秒起）The second watch will be involved in the skill I call retelling … They have to locate the key words they have already heard. … After listening they have to combine the information they have already restored in their mind … and try to use the existing knowledge and language skills they have already acquired to combine them together to retell the story to the rest of us."差不多同样的词语在整个说课过程中重复了五次，有的时候还加上"（6分10秒起）So they can practice the students' idea of using language freely with diversity."或"（8分18秒起）Also I think it's very useful for the students to practice their communicative competence."

关于 retelling 训练的目的,则是:"(11分42秒起) The purpose is for them to express themselves without any limitation." 在提问教师要求解释采用这一教学法的rationale(理论基础)的时候也只是把上述话语再次重复一遍。从以上分析来看,本选手未能对课程设计的理论依据和教学目标设定的根据进行充分说明,英语口语有待进一步改进,从上面的转写来看错误较多,不能准确地表达思想。

决赛阶段的说课和授课不同,不能事先准备。说课的方式是给定一段事先保密的视频听力材料,每位选手分别准备30分钟,然后马上上台说课,这种方式接近即席演讲,选手可能会比较紧张,但是这种方式最能反映选手的英语功底和教学法理论素养,还有思辨能力、随机应变能力等等,这对参赛选手来说无疑是一个很大的考验。

本选手在英语和教学法理论方面都有很大的提升空间。

本选手说英语的语速非常快,发音也基本准确,给人英语口语流利的印象。但是需要正确处理流利与准确的关系,流利不是指语速快,不是指每分钟的音节数多,而是指单位时间能传达的信息量大,而其基础是准确。只有用词精准到位、语法正确无误,才能做到既准确又流利,即使从容地说话,娓娓道来,信息量也极大。教师的英语地道规范,对学生能起示范作用,有利于激发学生学习英语的兴趣和积极性。

刘建达教授点评:

该选手对视听材料理解较到位,能提炼出较明确的教学内容和教学目标,并设计较合理的教学步骤和教学安排。围绕"食物浪费"的核心内容,该选手设计了较完整的课堂,从主题的导入、学生看两遍材料(第一遍理解大意,第二遍理解细节)到课堂讨论解决方法和课后练习,教学任务安排较合理,听、说结合比较恰当。整个上课的步骤安排较合理。

但该课程设计中最大的问题就是没有紧扣课文的内容来说课,每个步骤基本都是适合任何课文的程序,未能根据本课文的具体内容来设计。此外,也存在其他几个问题。首先课程设计中忽略了语言知识的讲解,作为语言课对学生语言技能培训不够充分。例如在安排学生看第二遍的时候,没有交代如何处理材料中的语言重点和难点。其次,在检查学生是否理解材料的细节时,该选手设计了正误判断题,这类题型作为课堂活动并不能很好地检测学生的理解和概括能力。第三,课堂设计中欠缺了一些思辨环节,例如学生理解材料之后,该教师安排了一个复述练习,要求学生用自己的语言复述出材料的主要内容,这个练习可以训练学生的口头表达,但只能简单重复材料中的一些信息点,不能很好地激发学生对现实生活中食物浪费现象的思考。

该选手的本堂视听说课程设计能体现出该教师自己的一些教学理念,通过其设计的教学活动和步骤,可以达到其教学目标。该选手在讲述整个教学安排时思路清晰、敏捷,语言表达流利、较准确,表现出较高的综合素质。在回答评委关于理据及教学环节的提问时,也表现出很好的个人素养和自圆其说的逻辑思维,但是对教学理据的回答却有些答非所问,回答不够明确。

(视)听说课组三等奖　张辉

参赛感言: 评委们给我未来的教学制定了标准,同行们唤醒了我险些逝去的教学热情。

选手简介:

张辉,哈尔滨工业大学外国语学院副教授。2004年获哈尔滨工业大学英语语言文学硕士学位,师从傅利教授。2011年获上海外国语大学外国语言文学博士学位,师从李维屏教授。现在黑龙江大学哲学博士后流动站从事哲学解释学研究,合作导师丁立群教授。1999年毕业于哈尔滨工业大学,留校任教14年来一直从事并热爱着大学英语教学工作。

赢在中国——紧张与放松间

张辉

2007年，参加完全校青年教师教学基本功大赛并获二等奖的我，认定那就是我告别"赛坛"的一年，所以在得知自己可以代表学校参加第四届"外教社杯"全国高校外语教学大赛（黑龙江赛区）暨黑龙江省第三届大学英语教学基本功大赛的那一刻喜忧参半，喜的是有机会走出校门参加省级教学比赛，忧的是已经在大学英语一线教学多年的我如果不能拿个大奖回来会很丢人。

拿到省赛特等奖、准备代表省里参加全国大赛时心情更为复杂，最主要的就是担心不能在决赛中胜出进军总决赛，让我的指导教师们失望。这让我想起张宏老师给我们开赛前准备会时所说的一席话，他说我们紧张是因为想获胜的欲望比较强。的确，我们紧张是因为我们有想赢的欲望，但更重要的原因是我们在意，在意自己在大赛每一个环节中的表现，在意帮助过我们的人的感受，尤其在意上海比赛期间全程指导、陪伴和鼓励我的傅利、李小红和杨莉萍三位老师的感受。三天紧张的比赛之余，我作了几个小小的总结，其中一个是这样的："It is often true that we feel scared because we desire too much, but, in this particular case, we feel scared because we care."

最令我紧张的是决赛抽到第一组第一号的时候。抽签前杨莉萍老师说，如果抽到比较靠前的就可以安心观看其他选手的比赛，如果抽到比较靠后的就会有更多的时间去进行准备。但谁也没想到我会抽到这个"上上签"。当时紧张得心都跳到嗓子眼儿了，因为第一个上场在很多时候都意味着不能进入总决赛。三位指导教师开导我说，进不了总决赛也没关系，起码我可以放松地观看其他28位参赛教师的表现，从他们的授课中汲取营养。第二天比赛正式开始的时候，我异常镇定，三位指导教师一致认为我在决赛时的表现超出了平时的任何一次演练。评委们也对我在授课和问答两个环节的表现非常认可，美中不足的是我的PPT做得略显简洁。最重要的是，我真的按照三位指导教师所说的，观看了其他28位选手的比赛全过程，并从他们的授课中学到很多可以用在我未来课堂教学中的思路和方法，受益匪浅。对于抽到"上上签"，我的感悟是，"My bad luck is my best luck."

以决赛排名第七的成绩进入总决赛的我心情略有放松，但也正因为总决赛前心情过于放松，使得我走进总决赛赛场的那一刻表现突然异常紧张，没能将自己最好的一面展现给评委、嘉宾和其他参赛的老师们。虽然总决赛中排名第六让我对自己的表现有点小失望，但回顾整个大赛中我从其他参赛选手那里学到的，就觉得无比满足，戴家琪老师的纯正英音、陈媛媛老师的自信沉着以及钟含春老师的优雅平和都让我极其难忘，他们将是我未来努力的目标和榜样。

最后，还要感谢在赛前给我提出宝贵建议的李洁红、李来发、张春星、刘爱华、李慧杰和周洁老师。特别的感谢送给田孝东老师，感谢田老师从省赛到全国赛对我始终如一的支持和鼓励。

授课点评

束定芳教授点评：

　　张辉的这堂课教学目标比较明确。目标包括了两个方面，一是语言知识，二是与课文内容相关的背景知识。课堂上更多的是有关课文内容的讨论，关于语言知识的讲解、技能操练、主题拓展等活动并不多。

　　课堂教学的内容主要涉及材料的主题、大意和相关细节的理解。在说的方面，教师要求学生学会描述一个地方。

　　总体而言，教师能根据设定的教学目标展开教学。不过，采用的教学方法基本上还是教师主导为主。教学过程比较流畅，各教学步骤衔接也比较自然；从课堂师生的互动看，教师启发性的提问较多，能有效引导学生积极参与课堂问答和活动。但是也许是考虑到节省时间，提问虽然较多，大部分情况下教师是自问自答，未留给学生思考的时间和空间。

　　张辉老师口语流利，语音、语调准确自然，有较强的课堂掌控能力和应变能力。这节课中张辉老师教态比较放松，有亲和力，但考虑到教学对象为大学生，语言和教态稍显夸张。

樊葳葳教授点评：

张辉老师是听说课第一位选手，但是该教师毫不怯场，教学一开始，就迅速进入良好的与学生互动的状态。该课的输入材料是"Sleepy Hollow"，张老师围绕这个主题给学生安排了各项任务，从理解主要内容到练习描述一个地点或景点。授课一开始，张老师就给学生明确了学习任务，具体安排如下所示：

1. To identify some key facts about **Sleepy Hollow**:
   location & history
   special features
   current situations
2. To learn to talk about a place

该教师发音清楚，语音标准、语调自然，教学语言较规范，授课时始终面带笑容，和蔼可亲，很快就消除了教师和学生之间的距离。在几个简单的与听说材料相关的问题提问后，张老师随即使用了两张电影海报，激发了学生的学习兴趣，使得学生马上对Sleepy Hollow有了亲近感。

在帮助学生用各种形式的练习熟悉授课内容之后，张老师组织学生进行了描述一个景点的口语练习活动，具体按照以下句型和结构操练。

- **Location**: In … lies …
- **History**: … came to … in …
- **Special features**: known primarily for … ;
  most famous for …

该课程较好地完成了所设计的教学任务和所要实现的教学目标。

但是，该堂课还存在以下不足：

1. 该课中学生的输出是回答与"Sleepy Hollow"主要内容相关的问题以及按照教师提供的句型操练描述一个具体的景点。如此安排对于调动所有学生的积极性与参与程度有局限性。课堂上学生的表现也显示出这样安排的效率不够高。
2. "Sleepy Hollow"是一个非常具有美国文化和文学色彩的经典故事，但是该教师的教学对与此相关的背景知识没有介绍，是该课程的一大遗憾。
3. 语言的操练方面实际上可以从材料中提炼出更加贴近原内容的语言练习，如讲故事的脉络和方式等等。
4. 对于课后练习，张老师要求学生在看录像了解一个城市后，介绍一个地方的某一个方面，如，维也纳、开罗、阿姆斯特丹。但是该任务过于宽泛，并且有较大难度。其实可以以原文为材料，要求学生用复述或是讲故事的方式进一步消化所学习的内容。原文有许多语言表达和句式都可以进一步挖掘。针对原文设计练习，并要求学生对课文进一步复习和总结，对训练学生的语言基本功有更好的促进作用。

说课点评

邱东林教授点评：

张辉老师的说课有三个特点。

第一，整个教学设计完整、全面，重点突出，不落俗套。第一遍播放视频她让学生了解视频的主旨大意：How serious is the problem of food wastage? What are the proposed solutions? 等等。第二遍播放视频时让学生做一些练习，如blank filling, table filling，其目的是进一步让学生了解视频的major information。但在做这两个练习时，着重点有所不同。前者强调学生对数字的理解和掌握，而后者强调食物浪费的严重性，这里主要通过对动词、形容词的理解来达到目的。然后是口语训练：小组讨论，主要集中在两个词上：seriousness以及solutions。用张辉老师的话来说：小组讨论的目的是为了训练学生的critical thinking，学生不仅要给出答案，还要给出三个理由。整个课程设计浑然一体，天衣无缝。

第二个特点是张辉老师扎实的语言功底。提问评委的第二个问题是：Do you remember the pyramid scene?…How would you explain the meaning of the sentence in the context of the video and what purpose does this particular scene serve as a rhetoric device in the whole structure? 对于这样一个重要而又难度极大的问题，所有参赛选手答对的并不多，而张辉老师的回答基本正确。她说："This sentence is the key. It divides the video clip into two parts. The first part is the seriousness of the problem, the consequences, if we don't do anything about it… The second part is the proposed solution…I think this sentence sets the tone of what is going to happen." 如此完美的回答，说明张辉老师平时教学中非常强调篇章分析，因为这不仅在阅读中而且在听力中也非常重要。

第三个亮点是张辉老师能抓住听力的要点和难点。中国学生在英语听力中会遇到多种困难，这些困难与阅读时产生的困难不尽相同。其中一个难点是对数字的理解和记忆，而张辉老师在说课时抓住了这一要点。在blank filling练习中，她让学生填数字，如2/3、20%等等，这对提高学生的听力很有帮助。希望张辉老师在今后的教学中多研究听力策略、听力的认知、语用和情感因素、听力的心理过程、多媒体与听力、听力评估等。建议阅读Christine C. M. Goh以及Eli Hinkel的有关文章。

当然张辉老师的说课内容还有一些值得讨论的地方，比如对discussion的设计。在这过程中教师的作用是什么？仅仅是设计几个可以讨论的问题？教师如何给学生提供comprehensible input？怎样划分小组？这些问题都值得我们思考和研究。另外，张辉老师回答提问评委第二个问题时，没抓住要害，回答显得比较苍白。

束定芳教授点评：

　　张辉教师基本准确理解了材料的内容。在谈到该材料的教学目标时，提到了帮助学生了解材料中的主要信息，并组织相关的讨论。但这样的描述比较笼统，我们并不知道具体的教学任务和目标究竟是什么。整个课程设计体现的教学理念也比较传统。例如，教师准备设计填空练习，通过要求学生关注材料中出现的一连串数字，帮助学生理解材料的内容；还要设计一些表格，要求学生填充材料中有关各方的责任等等。在"说"方面，教师提出要组织学生讨论材料中作者提出的解决问题的方案是否有效，但未给出具体的要求和步骤。教师也考虑到了作业，要求学生向有关各方宣传减少食品浪费的措施，同时要求学生对整个活动过程进行全程录像，最后用英语向全班汇报过程和结果。这个作业创意不错，但如果仅仅限于口头要求，学生以前假如从未组织过这样的活动，其可操作性就值得怀疑。同时，由于语言上并没有提出特别的要求，仅仅是要求学生用英语来汇报过程，其与本课学习内容的关联性也不大。

　　选手口语流利，表述基本准确。

(视)听说课组三等奖　钟含春

参赛感言： 比赛就像是一趟登山旅行，途中有对荆棘坎坷的畏惧，有身心俱疲的茫然，更有豁然开朗的欣喜。感谢陪我走过这一程的所有人，让喜欢云淡风轻的我领略到了登高望远的别样心境。

选手简介：

钟含春，浙江绍兴人。2005年毕业于上海交通大学，获硕士学位。目前任教于浙江工商大学外国语学院。2007年由学校选派赴英国曼彻斯特大学参加"教师进修课程"研修班，以全优成绩结业。曾参加浙江省本科院校青年教师教学设计竞赛，获一等奖。2013年5月，参加第四届"外教社杯"全国高校外语教学大赛浙江赛区比赛，获视听说组特等奖。

学无止境，教亦无涯

钟含春

我的2013，只有一个关键词：比赛。第四届"外教社杯"全国高校外语教学大赛打破了我原来平静的教学生活，也成为我的职业生涯中最重要的一个里程碑。我依然记得4月初参加学院选拔时忐忑和紧张的心情；无法忘却5月份在浙江赛区复赛中，授课环节结束时满头大汗的情形；记忆犹新的是全国总决赛和各路教学能手切磋技艺、各显神通的场景。这一路走来，有艰辛和付出，然而，回报我的却是满满的收获。

此次比赛很好地回答了我从事英语教学多年来碰到的问题和困惑。记得刚参加工作时，我试过照本宣科、围绕字词句展开的课堂模式，结果学生不买账。后来，我又挖空心思设计五花八门的活动，试图让学生乐在其中，然而学生却残酷地告诉我：老师，你的课很欢乐，可是我们学不到东西，语言能力还不如高中水平。在两个极端游走若干年以后，我渐渐明白了学生的立场：如今的学生更注重学习的目的性和效用性，他们都期待所学能有所用。因此，我开始尝试尽量让自己的课堂教学变得有卖点，让学生无论在语言文化层面、思维审美层面，还是在交际策略层面都能够有所收获并能学以致用。我想，只有让学生自己体会到从无到有、从不会到会的成就感，才能更好地激发学生的动机，让语言学习变为学生自发的一种活动。只有在这种情况下，教师才能有效地利用教学材料，分析教学材料所体现的能力目标，激发学生的求知欲，并不失时机地提供语言输入；只有在这种情况下，教师才能更好地概括所学内容，帮助学生将语言输入内化，并转化为语言输出；同理，也只有在这种情况下，教师和学生才能更好地实现联动，大学英语课堂的有效性才会大大增强。

另外，此次比赛让我更加深刻地认识到：优秀的大学英语课堂绝不只是教师个人能力的展示，而是一个团队力量的体现。我很幸运，能在一个很有爱的工作环境中成长。从省赛到全国总决赛，我一直得益于学院领导柴改英教授全心全意的付出。她不但将长期教学实践积累的宝贵经验倾囊相授，而且从教学思路到PPT的设计对我进行全方位的指导。我的好友汪露秋、邬易平老师经常给我许多宝贵的建议和意见。我的前辈同事们，在百忙中来观摩我的课程，并给我指出了许多问题。我的学生们非常踊跃地参加我的试讲课程，并从学生的视角给了我最真实的反馈。我的"战友"，参加"综合组"全国总决赛的蒋恬恬老师，在酒店一遍遍地陪我练授课内容。我想，优秀的大学英语课程不正需要开诚布公、取长补短、精益求精的团队精神吗？

"比赛"，这半年多来魂牵梦萦的两字终于从我的生活中慢慢淡出。生活回归平静之后，我感觉身上的担子更重了，如何当好一名大学英语教师，将成为我此生不断探索的课题。在当今高校重科研、轻教学的环境里，我真诚希望"外教社杯"全国高校外语教学大赛能一直办下去，为广大热爱教学的外语教师们点一盏明灯，让他们在坚持教师职业梦想的道路上，走得更好、更远！

授课点评

季佩英教授点评：

　　该选手讲授的视听材料题目是"Living in Venice"。这篇报道通过对威尼斯本地居民的采访，叙述了生活在威尼斯的人们所面临的种种问题。教学演示分为四个阶段：导入、视频材料分析、小组活动和作业布置。

　　在导入部分，教师以提问学生为开始，要求学生列举生活在上海所面临的问题。由于问题贴近生活，所以学生回答很踊跃，课堂气氛比较轻松。在提问结束后，教师借助PPT列举了生活在上海所面对的一些主要问题，并让学生注意描写这些问题的词语表达，为学生后面理解视频材料作了铺垫。总的来说，导入部分设计合理，达到了预期效果。

　　在对视频材料的处理上，教师先帮助学生理解视频内容，主要包括两个部分，一是让学生看完主要视频内容（时长约2分10秒）后回答问题，二是重新播放相关内容，让学生看后完成填空练习。由于在导入部分的热身，以及教师给学生提供的相关提示，所以学生能很顺利地找出生活在威尼斯的人们所面临的问题。另外，填空练习的内容和问题有关，学生做起来也很轻松。这两个练习的设计比较传统，有点中规中矩，尤其是第二个填空练习，教师只是和学生对答案，有点单调。

　　但是，该教师也抓住了视频内容中非常重要的内容，即如何描述问题，并把它作为本次授课的主要内容，切入点很好。通过对问题的描述、产生问题的原因、后果及解决方法的详细讲解，对相关句型的讲解和操练，帮助学生掌握语言技能。这部分内容是本次授课中最出彩的地方，可以看出，教师是花了很多时间精心设计的。

　　在布置小组活动时，教师的任务指令似乎不够清楚到位，再加上时间的把控没有到位，所以小组活动的效果不显著。在19分13秒的时候，教师匆匆开始布置作业，对作业的要求不够清楚，显得局促。

　　总体上来看，这堂课的教学目标明确，教学重点也很清楚，课堂师生互动良好，课堂气氛较活跃，教师有一定的亲和力。

　　但是，该老师没有充分利用视频材料，挖掘授课内容，比如可以增加文化知识、英语多样性等内容的讲解，而只是把重点放在如何描述问题上，课堂学习内容显得有点单薄，拓展内容较少。其次，课堂教学方法比较传统，缺乏新意。另外，教师的课堂用语不太规范，语言表达还需进一步提高。

贾国栋教授点评：

　　该选手教态亲切，与学生互动自然，课堂口语表达流利，启发性教学方法应用得当。课程设计有明确的教学目标，教学重点也比较突出，多媒体教学辅助手段使用恰当，教学安排符合英语教学的引入、讲解、思考、操练、启发、小结、作业等的基本流程。课堂掌控轻松自如，时间安排合理有序。

　　从教学内容上看，该选手充分理解了关于威尼斯的视频输入材料，选择了该视频的一个方面作为教学主题：描述与分析问题。从整个课程内容的设计和讲授来看，涵盖了明确的教学目标、教学重点、教学难点，讲解了必要的语言知识，操练了学生应掌握的语言要点，总结了"描述与分析问题"应用的方法，即选手自己定义的3Ps——Problems, Perspectives, Patterns方法，巩固了学生所学知识，拓展了学生从不同角度看待问题的方法。

从教学过程上看，该选手设计了预热环节，从学生实际生活中找问题开始，逐渐引导至视频内容中的问题；听看环节，让学生从视频中发现威尼斯的问题（要发现六个主要问题），抓住主旨和主要的支撑细节；互动环节，要求学生就细节方面的语言点给出可能答案；操练环节，领学生模仿视频中描述问题的方法进行分析和练习；总结与作业环节，小结本节课教学内容并给学生布置明确的作业。总之，整个课堂各个教学环节衔接紧密、过渡自然、互动频繁。

从教学效果来看，该选手善于调动学生参与课堂教学过程的积极性，无论是单人互动、小组互动或集体互动，都能礼貌、适时、亲切地把握，使学生始终处于轻松愉快的学习氛围之中。从听说课应训练学生听懂会说的基本技能来看，选手应用老师主讲与学生多练相结合的方法基本达到了设定的教学目标。

但该选手在提问环节的表现还有很大的改善空间，我们首先来看提问评委的第一个问题：

What were you guided by in making decisions on which aspects of the video to develop teaching materials on if you could give us specific examples of what students have learned today in those 20 minutes?

该专家在提出此问题前做了引导和铺垫，即提醒选手这段视频内容丰富，可供老师剪裁用于达到不同教学目标的东西很多，然后才提出此问题。问题实际包含了两个方面，一是要选手讲明其选这部分材料设计教学的指导思想，即起支撑作用的教学理论或原则，二是给出特别的例子说明学生在20分钟里学到了东西，从而证明该选材的决定是正确的。选手可能由于紧张，并没有完全把握住问题的实质，而回答成解释视频材料的内容、长度、自己对视频本身的理解等。专家觉得选手所答并未针对其问题，因而立刻打断了选手并把问题换了一个形式重复了一遍，但选手似乎仍没有完全理解问题的要点，又把自己的教学内容重复了一次，并说希望学生除了学习语言外，也能发展其分析问题的能力。这似乎还是和所问的问题想去较远。因此，在提问环节，能够听懂并准确理解专家的问题，并能给出直接、简要的回答就显得尤为重要。

如果要谈该选手在这样的教学大赛中仍可改进的地方的话，应该有两点可以关注。

第一，选手应对教学中提出的3Ps式方法给出一些符合教学理论或方法的解释，或嵌入教学过程当中，让学生或听课的老师了解为什么要用这个方法，用的话能起到什么样的教学效果，可以用什么学习成果对它诠释。其实这也是提问评委所提的第二个问题想要了解的内容：What was the most motivating and inspiring teaching method that you have used today? And has it worked? 选手的3Ps方法显然是本次教学的主要方法，但她还是没能适时地回答专家的这个问题，而是又把自己的教学重述了一遍，听上去着实有点为其着急。

第二，选手应在作业布置环节把任务讲解得更加简洁、易懂和可操作。可能由于比赛时间紧迫的关系，选手仅用了不到一分钟的时间显示和解释题为"Dub a silent video on a problem in Beijing"的作业（且不说dub是超纲词，学生不一定理解其义），要求学生三至四个一组用3Ps的方法完成，但没有布置如何完成、每个组如何组合、角色如何分配、作业的量有多大、作业如何检查等。这些问题如果不加以细化、落实，就没有操作性，作业的实效就会有问题，进而就会影响学习效果。

说课点评

杨惠中教授点评:

说课开始本选手阐明了自己对于语言教学本质的理解,认为语言教学的目的是培养学生的语言交际能力,包括描写、叙述、解释、争论的能力,教材则为培养这些能力提供课堂教学活动的基础,这些活动包括语言输入(听力)训练和语言输出(口语)训练,为此,授课教师认为语言教学必须是基于内容(content-based)的。

授课教师认为,对教师来说最重要的是找出(identify)教学材料中所体现的语言交际能力,认为本视频材料的主题是浪费粮食问题,视频材料中所体现的语言交际能力是描写,因此把本节课的目标确定为发展学生描写这一具体问题的能力(the students' ability to describe this specific problem),并据此认为本视频材料适合初等程度(elementary)和中等程度的学生。

授课教师设计的教学过程分为五个环节:

第一步是听前热身阶段,通过头脑风暴活动,让学生对主题有初步了解;

第二步是泛听(global listening),只要求学生听懂大意,为了帮助学生理解,听前先提一些 Wh- 问题,如 What is this problem about? How is this problem presented to us? 等等;

第三步是帮助学生发展思维方法(develop their way of thinking);

第四步是语言输出,也就是口语训练,要求重点注意一些句型以及数和量的表达法,然后在小组讨论部分要求学生描写空气污染问题;

最后是对教学效果的自评和对学习效果的学生互评。

以上是本选手的课程设计,这个设计基本上是可以的,但是本选手的英语口语不能精准地表述自己的思想,例如,对热身阶段希望达到的目标,说成 After the brainstorming the students may activate their cognition about this problem and activate their basic linguistic storage of the problem. 想表达的意思大概是通过头脑风暴激发有关主题内容的现有背景知识和语言知识,但是一般说 activate a knowledge schema,不说 activate their cognition;可以说 linguistic knowledge,不说 linguistic storage 等等,诸如此类的问题在整个陈述过程中相当多。

授课教师对视频材料的分析也有不够精准的问题,例如说,one third of the population are actually wasting the food, 实际上视频材料中说的是 Each year, one third of all the food the world produces is lost or wasted. 实际上这一段视频材料在内容和语言两方面都有相当难度,但是由于选手对材料的分析不够精准,因此把本段视频材料的适用对象定位为初等水平和中等水平学生,这一定位也是有问题的,因此对于提问评委如何帮助初级水平学生理解视频内容的问题,未能进行充分论证。

总的来说,本选手在英语和教学法理论方面都有很大的提升空间。

孙倚娜教授点评：

钟含春老师说课的主要特点是：

一、听说课程教学总目标明确。钟老师说课开始就能够清楚地陈述个人的教学理念和听说课教学目标，强调了听说教学培养学生交际能力的目标。但遗憾的是，该老师没有能够进而介绍本堂课的具体教学目标。

二、钟老师的说课能够反映其二语习得理论知识素养，她重视借鉴二语习得理论指导外语教学，强调输入与输出任务设计的结合与相互促进关系，关注处理好教学对象英语水平与教材内容及难易度的关系，追求提高学习者语言习得效果，这值得提倡。

三、钟老师对本堂课的教学任务设计思路清晰，听力训练和口语训练两大部分的课堂教学任务具体明确。听力训练的五个步骤任务设计尤为合理，在pre-listening、global listening、detailed listening等环节都设计了针对视频主题和内容的具体问题，旨在帮助学生更有效地理解视听内容，这表明钟老师掌握了必要的听说教学技能。

四、钟老师在本堂课的听和说训练任务设计中能够重视指导学生对language form的注意，如提醒学生注意学习视频材料中的关键单词、句型结构，并在以提高交际能力为目标的口语训练中积极使用有关的词汇和结构，这反映出钟老师能够在外语教学中遵循二语习得的基本规律。

五、钟老师在课堂教学任务设计中能够重视培养学生的思辨能力，要求学生针对问题，思考和分析造成问题的原因、探寻解决问题的途径。

两点不足与建议：

一、该堂课的设计还可以增加围绕视频文本主题和内容的听说任务，教师可以在学生自己理解文本的基础之上，针对视频文本的意义重点和理解难点设计更多的课堂活动，组织学生进一步挖掘文本意义。说课中表现有所欠妥的是，钟老师为学生们设计的口语任务转向了关于air pollution的话题。其实，如果该老师继续组织和布置任务，要求学生围绕视频话题进行听说拓展训练，将帮助学生提高有关food wastage话题的词汇使用频率，促进习得的效果。

二、钟老师说课仪态自然，说课过程表现了良好的外语教师素养和较丰富的教学经验。略有不足的是口头表达出现了如"let them to"的错误；同时，建议提高个别单词，如communicative, believe, invest等的发音准确度。

（视）听说课组三等奖　李超

参赛感言： 求知，生活，做自己。

选手简介：

李超，江西九江人，2008年本科毕业于西安外国语大学，2011年硕士毕业于北京外国语大学英美文学专业，任教于江西农业大学外国语学院，主讲美国文学、高级写作、论文写作等课程。曾担任过北京国际电影节重点嘉宾和其他大型活动的陪同翻译，译著若干，曾出版《考研英语满分作文》一书。2013年5月获得第四届"外教社杯"全国高校外语教学大赛江西赛区一等奖。

选择了远方，便只顾风雨兼程

李超

作为一名仅有两年高校英语教学经验的年轻教师，能有幸代表江西省参加第四届"外教社杯"全国高校外语教学大赛，的确是一次五味杂陈却极其难忘的经历，一段深刻美好的记忆。与来自全国高校的同行精英一起交流工作心得、生活体会，相互学习、互相鼓励，我受益匪浅。

莎士比亚说人生就是一个大舞台，在各行各业的舞台上都有出色的演员。我想成为出色的演员，因为教学确系我所爱。在两年来的教学工作中，由于各种原因，我常常感到自己对于教学法的理解和应用有所欠缺，以致难以收到预期的教学效果。想着能有机会让我见识一下教学法运用得炉火纯青的老师的示范课该有多好，这次比赛正是这样的一次机会。坐在台下观摩全国各高校优秀英语教师的一堂堂课堂教学，让我不时思考原来教学也可以这样，也可以那样。他们丰富的教学经验、严谨认真的教学态度、活泼个性的课堂设计等等，带给我太多的惊喜、太多的启发，令我折服、给我感悟、让我受用。比赛给我带来的就不仅是教学方法上的收获，更是一种看待问题的多样性视角。以人为镜可以明得失，见过别人的认真和挥洒自如，更反省自己在教学上的疏漏和不足。方寸之间，展现的都是实际教学中的心得体会，于我来说，都是宝贵的经验。

三天的比赛，不仅是一个英语教学的竞技舞台，更是一个相互学习交流的平台。紧张情绪总是在所难免，但我看到的老师们都是敬业的，认真的，严格要求自己的，这正是平常工作学习的真实反映。他们将自己多年来的经验汇集到短短20分钟的课程设计当中，同行们的敬业精神和认真态度让我想到一个英文单词—tough，这些参赛老师都非常tough，这种从骨子里透出来的不服输和坚韧品质值得我去学习和体会。回到学校的实际课堂中我便也不自觉地运用了这次学习到的经验，也非常欣喜地发现每一个学到的小技巧的运用都能收到原来不曾想到的效果。

感谢外教社给高校英语教师搭建这样一个交流学习的平台，庆幸自己身在江西农业大学外语学院这个团结协作、务实进取的团队，感谢学院领导及同事们的悉心指导和倾力帮助。在教学这条路上，我尚且是学步的孩童，但选择了远方便只顾风雨兼程。以这次的比赛作为新的起点，祈望进入新的人生境界。

授课点评

贾国栋教授点评：

  该选手口语流畅，表达自然，知识面广，教态优雅，整体素质较高。其基本的课堂组织技能、师生互动技能、教学流程安排等反映出其对英语教学法的谙熟。该选手的课堂指示语使用清楚到位，始终引导学生思路按照整体教学设计行进，学生毫无"迷失"于课堂中之感。

  从教学内容上看，该选手就Sleepy Hollow这段视频材料所组织的内容非常完整，其中包括明确的教学目标、教学重点与难点、教学流程和教学小结，整体教学效果良好。

  教学过程上，选手一开始即从与学生的互动提问导入，问题从学生较熟悉的旅游话题切入，引导学生的思路进入到视频提供的内容上，过渡自然、连贯、一气呵成。之后给出本课程的教学目标（Teaching Objectives），即"听的目标"和"说的目标"两大部分，与听说课所应达到的教学目标相吻合。选手将听音内容、PPT提示、handout练习三者默契地加以配合，各种感知器官并用，以达到良好输入效果。此外，学生从Global Listening和Detailed Listening"听"和"练"两项教学活动中不但能够循序渐进地听懂视频内容，更能在互动练习中巩固所听内容，并能适当地通过口语练习进行输出表达，这样的教学过程显得非常丰富、有效，学生受益良多。

  从Global Listening和Detailed Listening两个教学活动的编排来看教学方法的使用，选手把"宏观听懂"和"微观听懂"分开来训练，并分别用不同的方法讲授。在处理前者时，选手将近4分钟的视频从头播到尾，中间没有以任何方式打断学生听、看、记笔记的过程，使学生的语言输入保持一种连续状态，有助于学生把握视频的Gist，从而了解故事梗概。在处理后者时，选手将视频分节播放，每节都以不同的练习形式与学生互动，层层深入，保证学生既听懂内容，也能运用学到的词汇与句型，这样的教学法着实应受到褒扬。

  该选手在提问环节表现得尤其从容，对提问评委的问题：How well do you think you use the content of this video clip for teaching purposes? And given more time, what else would you have to use from this clip? Could you please give specific examples of useful teaching material that you have not covered in this lesson? 不但完全理解，较为

完整地回答了问题的三个方面，而且还表现得非常礼貌和自信。实际上，问答阶段才最能考查选手的应变、语言组织、逻辑表达等能力，而该选手在这方面表现突出。

作为听说课来看，下面提两点改进的想法，供选手参考。

第一，课堂提示内容与教学内容间应留有充足时间让学生理解与消化。比如在第一次听细节前，选手将要听到的人名、地名等以PPT的形式展示给学生，拟起预习的作用，减轻听时的认知负担，如人名Katrina Van Tassel、Ichabod Crane、gunpowder等都较生僻，但只在屏幕上闪了一下，几秒钟即隐去，这恐怕起不到老师所期望的效果，相反会增加学生认知负担。再者，对于辅助听力理解的提示教学活动来说，不但应给出这样的生词形式，还应给出其示范性读音，这样才能有助于学生在其融入语境时能够听懂其意思。这也适用于选手在微观听力中的各教学环节。

第二，选手在课堂结束时提到了重点讲授的storytelling, stage performing和book writing三部分内容，作为小结，比较提纲挈领，但选手却马上转向视频最后提到的小镇由于引入汽车厂而带来的环境污染（选手并未在课上仔细讲授这节视频），进而又拓展出中国的杭州假日游人挤爆断桥、与莫言相关的政府拟推的红高粱旅游等，似乎一下子把学生思维带入了不知所云的境地，与整堂课的内容不连续、欠协调。选手似乎是想说明旅游与环境保护的关系，但由于时间的限制又无法深入细论，就使这部分教学内容显得很突兀。

但瑕不掩瑜，选手凭扎实的基本功还是把这堂听说课上得非常饱满。

向明友教授点评：

　　李超老师英语口语表达流畅，表述准确，端庄大方，有较强亲和力，课堂组织有序，课堂教学内容有设计，对教学材料有一定理解，教学过程有其重点与难点，兼顾了语言知识讲解和语言技能训练，对教学主题的拓展、课内、课外结合都有顾及，有较完整的教学过程设计，也充分考虑到教学任务的合理安排。这是一堂不错的视听说教学展示课。

　　李超年纪轻，业务熟，是一位有潜力、肯上进的好老师。正因为她年轻，尚处知识积累过程，知识结构尚不够完整，教学经验还不够丰富，人文素养积累还有较大提升空间，距离优秀教师水平还有一定距离。现结合其具体演示过程，提几点意见和建议。

　　李超老师对教学内容的把握不够精准，这直接影响其整个教学安排和教学效果。该单元以旅游为标题，但具体教学材料似乎与旅游无关，介绍的是纽约附近哈德逊河岸边叫Sleepy Hollow的一座因故事而得名的小镇以及让该镇得名的那段故事。因此，主要教学目标应该是通过让学生借助视听材料了解小镇以及让该镇得名的那段故事，来提高学生的英语听力及英语口语表达能力，扩充他们的人文素养知识。教学内容应围绕该目标做取舍。显然，李超老师在这方面存在偏差，其教学目标、教学重点及教学难点等取舍不够精准；教学重点不突出，给人平铺直叙、就事论事的感觉；教学内容既不丰满也不够立体。李超老师讲过这样一个话"Sleepy Hollow is a city with story and made by a story."假如她能以"a town with story and made by a story"为主线来安排开场白，推进教学，布置家庭作业，那么其教学效果就会大不相同。

　　教学内容把握不准会直接导致教学安排的不尽合理。教学过程各环节间缺少合乎逻辑的衔接。教学演示分Lead in, Listening, Speaking和Homework四部分，其中，Listening包括Watch 1, Anticipation, Detailed Listening 1和Detailed Listening 2, Speaking包括means of cultural inheritance和environmental awareness in travelling两部分。Lead in部分导入的旅游及旅游景点与接下来的听力理解似乎没有太大逻辑关联；Speaking训练中的environmental awareness话题与课文内容的主体关联度不高，也不是课文的重点内容，课文里只有"*Irving was not pleased when the train first arrived because of the pullution and noise.*"一句话与environment话题有关；家庭作业

部分要求学生阅读欧文短篇小说，口语训练部分要求学生"Do a survey on what the government plans to do with Moyan's hometown after he won the Nobel Prize."这两项任务与课文关联度也不高。首先，口语训练并未给出或要求学生运用课文中已学过的表达式来完成任务，而是另起炉灶，新辟话题，对巩固或进一步操练所学知识和技能无太大帮助；其次，在整个教学过程中李超老师并未解释或强调欧文作品对课文理解的重要性，而最后突然要求学生课后阅读该小说，未必有些唐突。如果李超老师在Lead in部分导入美国作家欧文及其作品，或在教学过程中强调过该作品，那就另当别论了。如果在上一课结束后就以预习的形式，要求学生提前阅读欧文的该短篇，并在本节展示课的Lead in部分来检查或概括一下该小说的阅读情况，与学生形成互动，那就彰显李老师的功力了。

在时间分配上，Lead in用了三分多钟，谈旅游的两分钟几乎无效，另外视听说课，听和说基本并重，但李超老师在听的部分用时过多，说的部分草草了事，两部分时间分配不够均衡；整个教学过程中教师独白式讲解用时过多，启发引导不够，对课文解构不够。

语言知识导入和听说技能训练不够科学。过分关注孤立单词或短语的识别，而忽略对语句的听、说操练。整个教学过程几乎没有引导学生操练过一个完整的句型或语句。过度单词识别训练不符合现代教学理念和常人听辨规律。作为听、说技能训练，听、说教学应有机结合，不宜听、说任务单列。另外，如果不能把材料里诸如Washington Irving及 Halloween festival这类颇具人文信息的知识教给学生抑或引导他们自己搜寻，这无疑算是缺憾。

此外，选手多媒体运用不够充分有效，PPT提示多为零散的单词、短语，且一闪而过，失去了视听说课所独具的多模态功效。

李超老师回答问题部分不够精准简练，尤其第二个问题没能给出有效回应。

说课点评

贾国栋教授点评：

该选手将视频内容理解为食品浪费和解决方法两大部分。根据这样的理解，选手设计了lead-in部分，以提问形式导入，提醒学生食品浪费问题非常严重，需要采取措施。随后设计了三个教学活动，即第一次视听 (1st watch)，以理解视频的结构为主；第二次视听 (2nd watch)，以关注视频的细节为主；第三次视听 (3rd watch)，以总结视频的内容为主。三个活动的教学设计各有侧重，体现出选手以"听说"技能训练为核心的教学总目标，并将交互式的教学方法隐入教学流程当中，期望学生在与老师的互动中自然获得"听"与"说"的训练。这样的设计基本符合视听说课的基本教学目标。选手在较短时间内能够把握视频输入的内容，切中听说课的要点设计教学活动，应能取得良好的教学效果。

选手在说课中所表现出的良好口语能力、阐释能力和反应能力是选手综合素质的体现。较为遗憾的是，由于时间把握的问题，选手没有能够将说课部分全部完成，即没能把如何结束该堂课充分地讲解清楚。

该选手在说课阶段的问答部分表现依然自信，但与授课阶段的问答相比，在回答的内容上稍显逊色。提问评委的问题是：

Could you please explain the rationale for adopting the methodology for the lesson that you've just presented? And could you explain what basis you have used to sequence the teaching and learning tasks and how could you ensure that there is a logical progression that your teaching plan is well executed?

这个问题实际上是专家听了选手所设计的三个watch之后提出的，其核心词是rationale, sequence, ensure, logical progression, execute等，而选手并未完全抓住问题关键词所要求的回答的问题点，如使用这样的教学方法背后的rationale是什么，三个视听活动那样sequence的理由，期间合乎逻辑的进展又是什么等。

余渭深教授点评：

　　该教师的说课分两个部分，首先简要介绍了视频材料的主要内容。说课教师对视频材料的主要内容理解正确，介绍清楚。在介绍视频内容后，该教师对教学设计进行了比较详细的说明。教学安排了导入、视听、讨论和课外任务四个环节，结构清楚。教学安排强调听说技能的综合训练，强调视听理解，重点突出。视听环节中教师对视频材料拟进行两次课堂播放。第一次播放要求学生关注视频材料的主要内容，包括主要问题、问题的严重性以及解决问题的方法与途径。第二次播放根据视频材料的语篇结构，分为"问题"和"建议"两个部分展开教学活动，层次清楚，便于课堂操作。该环节的训练要求学生关注视频的一些关键信息，同时为了帮助学生对关键信息的理解，教师设计了信息匹配或查找，以及Q and A练习。练习设计能反映视频材料的主要内容和学习的重点、难点。教学设计比较关注学生对学习活动的参与，在教学不同的环节，教师设计了班级活动、配对活动、小组活动以及课外的分角色访谈，具有多样性和可操作性。

　　与对话题内容的关注相比，教学设计对语言学习和训练的关注显得较为欠缺。作为一个好的语言教师我们不仅要关注话题的内容，我们更应该关心如何发展学生的语言能力去获取信息、表达信息。教师要充分了解学生学习和交流相关话题内容需要什么语言知识、什么语言技能、什么语言策略，教师应适时提供语言支撑（scaffolding），适时创造语言学习的机会。希望今后教学备课时在考虑让学生谈论什么话题内容时，更多地考虑谈论这个话题需要具备什么语言能力，通过学习或讨论这个话题能发展什么语言能力，如何利用这个话题的学习和讨论去发展这些语言能力。

　　在回答问题时该教师略显紧张，没能正确完整地回答出关于视频篇章理解的问题，同时对教学设计安排的理念也没能很好地陈述，希望在今后的教学实践中努力做到教学相长，不断提升自己的语言能力和专业素养，成为一名优秀的语言教师。

(视)听说课组三等奖　程蓓

参赛感言： 比赛让我一路成长，也让我更加明确未来努力的方向。

选手简介：

程蓓，湖南长沙人，硕士学历，湘潭大学大学英语教学部讲师，讲授大学英语综合、大学英语视听说、高级英语听说等多门课程。2009年获湘潭大学青年教师讲课比赛一等奖；2010年5月获首届"外教社杯"全国大学英语教学大赛湖南赛区综合组二等奖；2012年6月获湖南省高校教师课堂教学竞赛大学英语视听说组一等奖；2012年8月获首届全国高校青年教师教学竞赛文科组三等奖。

教无定法，学无止境

程蓓

第四届"外教社杯"全国高校外语教学大赛已圆满落下帷幕。于我而言，此次大赛是我人生中最难忘的经历，不仅因为这是一次弥足珍贵的与各省大学英语教学精英同行们切磋学习的机会，更是因为我带着肚子里五个月大的宝宝站上了全国最高级别英语教学比赛的讲台。从备赛到参赛的过程十分辛苦，宝宝却一直很乖，以这样无声的方式给予了我无限的力量。

时光飞逝。细数一下，成为一名大学英语教师，已经有九年的时间了。坦白地说，这并非我最初的梦想。机缘巧合，我踏上了讲台。刚开始的时候，仅仅有一份督促自己努力工作的责任心，但随着和同事们学生们的相处与交流，我逐渐发自内心地爱上了这份职业。爱因斯坦说过，只有热爱，才是最好的老师。我享受在课堂上带着学生们学习英语的每一分钟，鼓励他们自信地开口说英语，积极参加各种课堂和课外的英语活动。看见学生们从最初对英语课的害怕甚至是厌恶逐渐变成喜欢和热爱，他们的每一个小小进步，都让我欣喜不已。

从2009年开始参加各种教学比赛，一路以来收获颇多，不断成长。教无定法，针对不同的授课材料和不同的授课对象，课堂的设计也一定是不同的。但无论怎样，语言课的最终目的都是要引导学生通过各种方法学习和操练、掌握语言。就视听说课而言，我想我们普遍面临同样的问题：大部分学生不敢或不愿开口说英语。原因有很多，如中国人的面子问题、对话题不感兴趣或无话可说、有话说却不知如何用英语表达等等。所以，合适的教学材料选择、合理的课堂活动设计、知识输入与输出的得当比例、自然轻松的课堂气氛都是在备课和授课过程中需要仔细考虑的问题。我个人觉得，语言学习是反复操练的过程，课堂内容的适当重复与回顾可以很有效地帮助学生熟练掌握所学知识。同时，作为课堂引导者的教师，需要具备良好的个人素质，在此次大赛的总决赛说课环节中，我清晰地认识到自己还有许多不足。一个优秀的语言教师除了满腔热情，更必须有扎实全面的理论素养。多读书多学习多思考的教师才能给学生带来有收获的课堂。

想要感谢的人很多。特别感谢我的领队兼指导老师一直以来给予我的帮助和鼓励，她对待教学的严谨态度与创新精神深深地影响着我。感谢大学英语教学部的领导和同事们在备赛过程中给予我的中肯建议；感谢外教社的工作人员在比赛期间对我的细心照顾与关心；感谢亲爱的家人对我的工作的理解与支持。

作为一名从教仅九年的大学英语教师，我深深知道，未来的路还很长。教学是一门没有最好只有更好的学问和技能。我会带着我对这份职业深深的热爱继续前行，期待更精彩的未来。

授课点评

李霄翔教授点评：

该选手授课竞赛体现出以下几个特点：
1. 英语基本功扎实，语音语调纯正流畅，教态自然，语言表达准确清晰；
2. 课堂教学活动设计层次清晰，主题导入贴切生活，语言训练重点突出，在语言技能间转承衔接过渡自然；
3. 课堂教学活动中注重引导和启发，能有效调动课堂教学气氛，师生互动频繁，能够在教学活动中娴熟地展现出辅导、答疑等技能，体现出较好的课堂掌控能力和组织协调能力；
4. 多媒体演示稿与教学活动能有机组合，起到较好的辅助作用；
5. 在回答专家提问阶段，能够准确理解专家提出的问题，应答思路明晰，列举实例，表述清楚、自信且流畅。

一点建议：

当采用真实视频资料且内容趣味性不强的情况下，在开展听说技能训练时，首先要考虑的是基于所提供的视频素材，需要在信息理解、语言技能训练方面要达到什么目的。从教学视频中，我觉得该选手在教学活动的设计上还流于一般形式，缺乏个性化的特色，师生互动和生生互动尚不够充分，教师的主导和操控程度大于学生自主个性化的表现。教学导入的过程稍显长了些，我觉得课堂教学过程可以参考"cutting teacher talking time"的原则，采用启发式手段，尽可能地让学生有更多的语言训练和表现的机会。对于在听力理解和口语训练中可能出现的生词和短语，对重点生词的学习和语音语调的训练固然有益，但如果采用问题或与主题相关的图片作为提示，激发或激活学生在社会和语言方面的背景知识，集思广益征集并操练一些重点词汇和句型，从教学角度来说，可能效果会更好些。

樊葳葳教授点评:

程蓓老师笑容可掬,仪态亲切自然,一开始授课就点出了针对"Solar Power"这段录像的教学主题,"energy and life",接着列出了这堂课的教学安排和步骤,同时也提示学生这些步骤就是他们在这节课中要参与和完成的任务,如右面PPT 1所示:

这五个步骤有机地串起了教学的各个环节,也传递了教师的教学理念以及英语使用的信息,如,activate, enlarge, sharpen, loosen 和 rack,这五个动词的使用也促使学生思考这些动词的用法以及这些动词所传递的积极行动意义,像mind, ear, tongue, brain这些词汇,作为动词的实施对象,都和学生的感官和思维紧密联系,形象地传递了这些动词所要起到的作用。

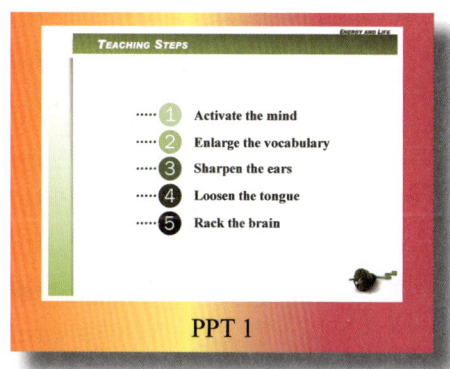

PPT 1

在针对每个教学步骤进行教学的过程中,程老师还设计了各种练习,包括回答问题、填空等等来促进学生对输入材料的理解。当问题"How closely is energy related to our life?"提出时,程蓓老师能有效地使用图片启动学生的思考,并锻炼学生使用英语来描述图片所呈现的意义,这样使得这项练习变得有趣,而且能让学生积极使用英语表述意义。

如右面PPT 2所示:

程蓓老师针对五个教学步骤所安排的练习,从简到难,有一定的层级性,涉及词汇练习、看图表述、听力理解主要信息、听写具体信息、练习描述主题相关的内容以及针对energy这个主题所安排的课后作业。整个设计前后呼应,较好地体现了该教师的教学理念。

该课程不足之处在于:

1. 因为想面面俱到,结果有些内容就显得蜻蜓点水,如,sharpen the ears这个教学安排下面的练习要求学生通过听写词组来获取详细信息,这样的语言准确性练习实际上分散了学生对关键信息的注意力,不利于学生消化整个video所要传达的信息。
2. 同样,对"不完全爆破"的教学内容尽管会对学生有利,但是也使得授课的聚焦不够,使得授课节奏显得较为疲沓。
3. 最后的课外练习同样主题较大,要求较多,对学生如何完成任务指导不够。

PPT 2

说课点评

孙倚娜教授点评：

程蓓老师说课开始就能够清晰地陈述自己关于英语听说教学的理念，她认为听说教学旨在帮助学生运用英语达到交流的目的，并应该为此着力于三个教学重点：激发学生的学习兴趣，培养学生的willingness to communicate，提高学习的有效性。因此，这部分的说课是成功的，它反映了程老师关于听说课程教学有效性的思考、相关的教学理论知识以及她"以学生为中心"的教学理念，这种素养尤其值得在广大成长中的青年教师中提倡。

程老师的说课内容包括三个部分：

一、介绍本人对以"food wastage footprint"为主题的视频文本的理解，这部分也是程老师说课把握得当的部分，她能够在短短的30分钟准备时间内，重视对视频文本内容和意义的理解，并提炼出反映视频主题的关键句"The solution starts with you"，表明了她扎实的语言基本功。程老师说课的语音语调也非常自然。

二、阐述本人关于听说课教学的理念，并强调听说教学中应该重视目标语的运用。程老师对这部分的说课内容把握略有不足，陈述内容与她的开场白内容多有重复。程老师还分析了中国学生英语口语学习效果欠佳的三方面原因，这些内容如果安排在某个听说教学研讨的场合应该更恰当。在教学比赛说课的场合，时间有限，参赛教师还是应该把时间分配在具体的教学任务设计方面。

三、介绍了本人所设计的五个教学步骤。程老师的第一个教学步骤"Activate the mind"是激活学生对即将听的内容所具备的相关背景知识，这种在外语教学中重视提高学习内容与学习者真实生活关联度的教学意识与策略值得提倡，学习者背景知识是决定其听力理解水平的关键因素之一。在第二个步骤"Enlarge the vocabulary"中，程老师设计了对视频文本中8个关键词的练习，这利于学生在听说学习过程拓展词汇。第三个步骤"Sharpen the ears"帮助学生理解视频内容的主题思想和具体细节，这也是听力教学中必要的听力技能训练项目。第四个步骤"Loosen the tongue"重点训练学生说的能力，设计了有关主题思想和关键信息的学生复述和采访练习，有助于鼓励学生大胆地开口说英语。最后一个步骤是布置作业，要求学生基于视频话题，拓展更多的相关话题，查阅和收集图书馆和网络相关资料，准备下一堂课的口头陈述任务。以上步骤的设计表明程老师能够遵循二语习得规律，掌握了听力教学的主要教学技能，帮助学生在学习过程中既注意意义理解，也追求语言形式的习得，这是提高听说教学有效性的方法。

程老师对提问评委的问题，回答也是切题的，建议对第二个问题的回答再深入详细一些。

王俊菊教授点评：

程蓓老师的说课从理念入手，谈到"There is no such a perfect learner, much less a perfect teacher."老师要"stimulate their passion and love of English learning"等个人见解。她的说课环节由三部分组成。

第一部分是对视频材料的总结 (Overview of the teaching material)，包括了问题 (problem)、应对 (what can be done)、未来 (the future)；第二部分是教学目标 (Teaching objective)，目的是培养学生的交际意愿 (to cultivate their willingness to communicate)；第三部分是教学步骤 (teaching steps)，包括Activate the mind、Enlarge the vocabulary、Sharpen the ears、Loosen the tongue等环节，并设计了问答、匹配、填空、口头陈述等练习形式，目的是让学生理解视频材料的要义、细节，并在此基础上练习重点词汇和口头表达。

由于时间分配方面的原因，程老师没来得及说明课后作业的情况。在问答环节对交际教学法、任务教学法等重要概念一带而过，并没有充分解释所选教学法的理据，有避重就轻之嫌。

程蓓老师在很短的准备时间中较好地把握了视频材料，并设计出一堂内容相对充实的听说课，体现了大学英语教师应该具备的综合素质，但可能由于心理紧张等原因，程老师的语言表达不是很流畅，语言质量一般。

其他不足之处在于：(1) 整体上的时间分配不好，教学步骤环节基本上是线条式展开，讲解急促，统分结合欠缺，没有达到预期的目的。(2) 严格上说，程蓓老师提到的教学目标并非真正意义的教学目标。课堂教学目标是课程教育目标的具体体现，必须基于学生的知识、技能、能力的表现加以描述。(3) 问答环节对问题理解不透，整体上回答过于宏观，给人留下答非所问的印象。

(视)听说课组三等奖 高欢

参赛感言： "I'm not a teacher; only a fellow-traveller of whom you asked the way. I pointed ahead — ahead of myself as well as you."
— George Bernard Shaw

选手简介：

高欢，香港理工大学翻译与传译文学硕士、中国翻译协会会员。任教于苏州工业园服务外包职业学院。第四届"外教社"杯全国高校外语教学大赛江苏赛区(视)听说组特等奖、全国总决赛三等奖获得者。现任美国波特兰州立大学孔子学院国家公派汉语教师。

精彩的一课

高欢

大赛已经落下帷幕。经历了沸腾激烈的赛场洗礼，反思才刚刚开始。从3月省里的初赛到11月全国的总决赛，从始至终让我收获到的，早已不再是获奖本身。所以"精彩的一课"，不是比赛中我上给学生的，而是参赛的整个过程，是我上过的最精彩、最重要的一课。

我是幸运的。从教仅三年的我，对于大学英语教学仍然处于摸索、学习的阶段。应该说，是学生们的宽容配合、同事们的悉心帮助和前辈们的不吝赐教，让我克服了初站讲台时的惶恐羞怯，慢慢摆脱了"照本宣科"，开始思考和实践有效的课堂教学，让学习翻译学出身的我，逐步走上了英语教学的正轨，并能在全国大赛得到认可，为此我心存太多的感激。

在大赛初赛复赛的准备阶段，我精心地设计参赛课程，悉心准备、反复修改相关课件，研究和推敲具体的教学方法，整个过程学到了很多。这次全国大赛，为了利用一切可以利用的时间，我在从美国飞回上海的航班上，仍然在细心修改参赛课件。学院领导和同事们给了我无私的帮助，提出了很多有益的建议，反复组织试讲，使得课件日臻完善。

对参赛课程，我思考得比较多的是：如何设计，为什么要这样设计，这样设计的利弊是什么，怎样才能用最有效的方式方法表达，怎样获得最佳效果等等。在后来一系列大赛中，我的设计和思考在实践中得到了良好印证。一堂好的语言课，不是按部就班，不是哗众取宠，更不是老师一个人的演讲，是需要在老师精心地富有逻辑地备课下准备"一桶水"，通过逐步引导、突出重点地教学方式，让学生在轻松愉快的氛围中，不知不觉地收获到"一杯水"。

老师们的个人风格不同，反映在教学方式上各有千秋。所以我一直认为一千个老师有一千种教学方法，在这个意义上难分优劣。最终获奖的不见得完美无瑕，与获奖失之交臂的也并非没有可取之处。此次大赛，除了讲同一话题的选手外，我几乎旁听了每一位选手的课，来自全国各地参赛老师们的水平和风采让我大开眼界，让我在看到自己不足的同时，也从中学到了很多知识和经验。原来同样的话题可以有如此多的切入点，原来同一堂课由不同的老师演绎竟会呈现如此不同的效果，原来课堂活动可以设计得如此生动有趣，原来课堂气氛可以在如此大的程度上由老师主宰……原来，我如此地喜欢做一名英语老师。由此，我感受到了杏坛之博大、师道之精深、求索之快乐。

杨治中教授在全国总决赛颁奖典礼上的点评十分精彩，至今萦回于耳，引用一点与大家分享。"青年教师要夯实基本功，给学生正确的输入尤为重要。老师的任务不仅在于'教'，老师的语言本身就是在示范。要打牢学生的基础，不能要求学生在没有语言积累的前提下表达。否则，学生即便有想法，没有语言的积累，又如何准确地表达到位？"我觉得，大师之言，精辟地概括出外语教学中"教"与"学"的关系的精髓。细细体会，这不正也是全国高校外语教学大赛的意义所在么？！

授课点评

杨治中教授点评：

高欢老师本堂课讲授的内容是太平洋小岛Tuamotus的地理位置、岛上居民的生活以及全球变暖对小岛的影响。总的来说，我认为高老师本堂课的授课在以下几个方面表现比较突出：

1. 注意运用启发式教学。1) 一开始告诉学生自己曾去过印尼巴厘岛并问学生有没有去过任何岛屿，从而引出Tuamotus岛。2) 安排了一段无声录像，让学生猜想录像中的内容，这样既可以激发学生的思维，又可为后面讲授的内容作一铺垫。3) 在学生观看接下来的录像时，要求他们预测全球变暖对Tuamotus岛可能带来的影响。4) 在学生讨论全球变暖对Tuamotus岛的影响时，不仅要求他们涉及负面的影响，也涉及正面的影响，引导学生全方位地看待问题。
2. 注意培养学生综合语言运用能力。1) 一边讲授录像的内容，一边讲解并带读某些生词。2) 要求学生在观看录像的同时作记录，以训练他们的听写能力。3) 要求学生在讨论时尽可能使用本课中所学的句型。4) 要求学生课后为课上所听的无声录像配音。这样就对读、听、说、写各项语言技能的训练均有所涉及。
3. 注意在语言训练中拓宽学生的思路。1) 在讲授locate这个单词时，提醒学生将其与同义词situate和lie进行对比。2) 在讲授My biggest worry here is … 这个句型时，同时提醒学生类似的表达方式，如A big problem that we face is …, What concerns me is …, What gives some cause for concern is …, What has been an issue is …等。
4. 设计的课件生动、形象，有利于学生对所学内容的理解并加深印象，对教学起到了很好的支撑作用。如一开始课件上有一幅地图，上面有飞机不断飞向Tuamotus岛，使学生对其地理位置一目了然。课件上另有两幅画面，显示Tuamotus岛的现状和全球变暖后的状况，对比十分鲜明，有震撼力。
5. 教学过程中的各个步骤安排合理、衔接自然。本堂课一开始就说明教学要求，快结束时还注意对所教内容进行归纳，使学生既能见树又能见林。
6. 有较强的课堂驾驭能力，教态自然。能注意师生互动和学生之间的互动，课堂气氛比较活跃。

建议改进的有以下几方面：

1. 高欢老师语言表达流利有余，但准确尚有欠缺。语音方面如：在发negative, positive等词时有吃掉其中的个别音节的现象。语法方面如：主谓语有时不一致，出现了This <u>are</u> today's trip, Most of the people's occupation in Venice <u>are</u> related …一类的句子。把不可数名词当成了可数名词，出现了another homework这样的表达方式。
   希望注意自身语言运用能力的提高，这样可以增强教学效果，对学生起到更好的表率作用。
2. 在回答提问人的问题时，一定要听清问题、稍作思索后再回答。如未听清，可要求提问人再将问题重复一遍。回答一定要切题、简洁。

樊葳葳教授点评:

授课开始,该教师就利用蜜月照片点出此视听课的主题: Paradise Island, 然后用两张PPT清晰地向学生解释了此节课的目的以及相应的教学流程。请看下面PPT 1和PPT 2:

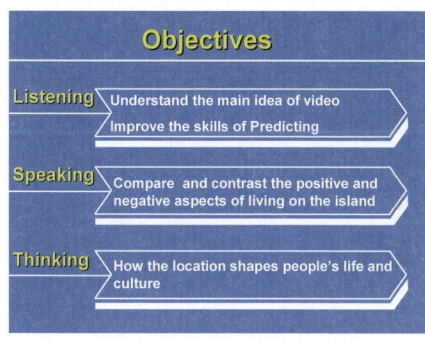

PPT 1

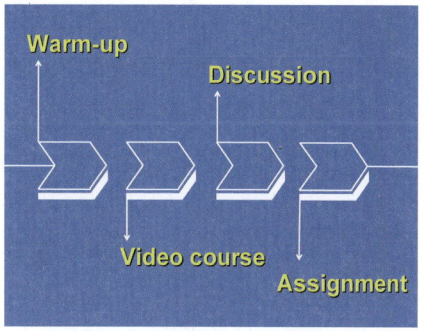

PPT 2

接着,该教师将50秒的无声影视作为此节视听课程的导入,这个方法很新颖。这50秒的无声影视输入非常好地吸引了学生的注意力,调动了学生的想象力,其后针对无声片段所提出的问题引导学生积极地对信息进行归纳,在描述岛民所进行的活动时,对一些词汇进行了导入,如, coconut, coral reef, clam, pearl 和spear fishing,对这些词汇提供了图片并且还标注了音标。这样的练习设计,显示出这位教师的教学理念,即,尽力降低

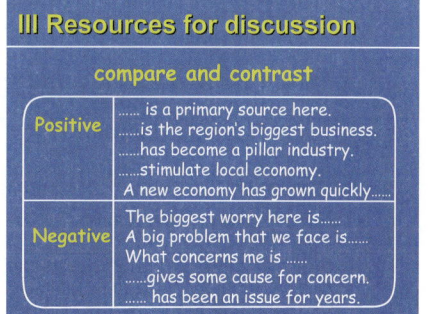

PPT 3

课程难度,让学生能够尽快进入交流状态。后面的各个教学环节的设计也都较好地体现了教师对视听课程的定位以及在语言教学课堂上如何让学生动脑筋、想问题,如右上PPT 3所展示的内容以及教师对学生的要求,即通过对语言材料的输入和组织,要求学生思考发展对环境所造成的有利和不利的影响。

该课程的20分钟教学较好地完成了整个教学片段。

该课程还可以从以下四个方面进一步打磨,以提升效果:

1. 该教师语音、语调准确,但是语言使用的准确度还需要提高。
2. 尽管降低了课程难度,但是一些练习的设计还是过于宽泛且过多,学生一下子难以跟上教师的要求和教学节奏。
3. 学生的参与以及教师与学生、学生与学生的互动不够。
4. 在课件中简单地插入Venice以及gondola的介绍,冲淡了对课程本身内容的聚焦和演练。

说课点评

杨治中教授点评：

高欢老师本次说课的内容是关于食品浪费 (food wastage) 的话题。我认为高老师的说课表现在以下几方面较为突出：

1. 教学各个环节安排合理，读、听、说、写各方面都能兼顾到。如要求学生边听边记，注意解释某些专业名词，训练某些单词和词组的活用，设计听写练习、词语填充练习和有控制的会话练习，安排小组讨论和汇报。还设计了一项游戏作为应急方案 (contingency plan)，以应付课堂上可能出现的剩余时间。
2. 注意培养学生的自主学习能力。安排学生课外作业，包括对浪费食品的现象作调查、在网上查找有关浪费食品的信息、让学生作自我评估并给教师反馈等。
3. 有明确的教学重点。要求学生对比中外食品浪费情况，提出包括生产者、经营者和消费者三方面在内的杜绝食品浪费的具体措施。
4. 用自己与美国人一起用餐的亲身经历讲述自己的感受，加深学生对爱惜食品的认识，对学生能起到积极引导的作用。

谨提以下建议供作参考：

1. 从说课过程中出现的某些语音（如 analyze 等词的重音）、语法（如 informations, When she finish her dinner 等）和表达方面（如与美国人一起用餐的亲身经历未讲得十分清楚）的瑕疵来看，高老师还须更多注意自身语言能力的提高，对语言基本功做到高标准、严要求。同时，在教学的各个环节中也要多注意加强语言基本功方面的训练，要求学生在表达时不一味追求流利，更要重视表达的准确。
2. 多学习有关外语教学方面的理论并在教学中有意识地加以实践，注意拓宽知识面，这样可以使自己在教学中更具应变能力，使教学更为充实，更多色彩，更加富有成效。

与授课比赛时一样，高老师在回答提问人的问题时尚有不够切题之处。今后在类似情况下务必要先弄清楚问题，回答才能更有针对性。

束定芳教授点评：

　　高欢老师对材料内容的理解基本准确。设定的教学目标包括三个方面：听力方面要求学生捕捉"大意"，"说"方面要求学生学会"presenting issues"，在思维训练方面要求学生学会"对比"中国与西方国家在对待粮食浪费方面的不同态度等。选手没有介绍要重点学习或训练的具体的语言点或词汇。

　　选手提出课堂一开始就先让学生了解教学目标，同时通过Pre-class activities特别是有关的词汇训练来为听力活动做准备。关于具体的课堂活动，选手提出将通过个人一次与外国朋友一起就餐的经历来激活学生有关食品浪费方面的"知识图式"（knowledge schema）。选手提出课堂上将安排三次观看视频，每次有不同的要求，特别要求关注一些关键词（但没有详细说明哪些关键词）。听的过程中通过听写活动帮助学生获得信息细节；在说的方面，选手提出要求学生使用学过的词汇看图说话。在为学生安排的讨论活动中，教师要求学生结合个人的情况讨论如何减少食物浪费。选手还提到，她准备了一个Contingency plan（包括一个游戏活动）来补充课堂活动。其布置的课后作业是要求学生与家庭成员讨论相关的话题，并到互联网上进行相关的搜索。最后，教师还要求学生做Self-evaluation，并对老师的教学也提供反馈。

　　从教学设计来看，教师基本遵循了听说课的一般教法，虽然对教学步骤和内容考虑得很周到，但未能给人一种"新鲜"或"突破"的感觉。

　　教师有较好的语言表达能力，叙述也比较清楚。

Work, Labor, and Play

Wystan Hugh Auden

1   So far as I know, Miss Hannah Arendt was the first person to define the essential difference between work and labor. To be happy, a man must feel, firstly, free and, secondly, important. He cannot be really happy if he is compelled by society to do what he does not enjoy doing, or if what he enjoys doing is ignored by society as of no value or importance. In a society where slavery in the strict sense has been abolished, the sign that what a man does is of social value is that he is paid money to do it, but a laborer today can rightly be called a wage slave. A man is a laborer if the job society offers him is of no interest to himself but he is compelled to take it by the necessity of earning a living and supporting his family.

2   The antithesis to labor is play. When we play a game, we enjoy what we are doing, otherwise we should not play it, but it is a purely private activity; society could not care less whether we play it or not.

3   Between labor and play stands work. A man is a worker if he is personally interested in the job which society pays him to do; what from the point of view of society is necessary labor is from his own point of view voluntary play. Whether a job is to be classified as labor or work depends, not on the job itself, but on the tastes of the individual who undertakes it. The difference does not, for example, coincide with the difference between a manual and a mental job; a gardener or a cobbler may be a worker, a bank clerk a laborer. Which a man is can be seen from his attitude toward leisure. To a worker, leisure means simply the hours he needs to relax and rest in order to work efficiently. He is therefore more likely to take too little leisure than too much; workers die of coronaries and forget their wives' birthdays. To the laborer, on the other hand, leisure means freedom from compulsion, so that it is natural for him to imagine that the fewer hours he has to spend laboring, and the more hours he is free to play, the better.

4   What percentage of the population in a modern technological society are, like myself, in the fortunate position of being workers? At a guess I would say sixteen percent, and I do not think that figure is likely to get bigger in the future.

5   Technology and the division of labor have done two things: by eliminating in many fields the need for special strength of skill, they have made a very large number of paid occupations which formerly were enjoyable work into boring labor, and by increasing productivity they have reduced the number of necessary laboring hours. It is already possible to imagine a society in which the majority of the population, that is to say, its laborers, will have almost as much leisure as in earlier times was enjoyed by the aristocracy. When one recalls how aristocracies in the past actually behaved, the prospect is not cheerful. Indeed, the problem of dealing with boredom may be even more difficult for such a future mass society than it was for aristocracies. The latter, for example, ritualized their time; there was a season to shoot grouse, a season to spend in town, etc. The masses are more likely to replace an unchanging ritual by fashion which it will be in the economic interest of certain people to change as often as possible. Again, the masses cannot go in for hunting, for very soon there would be no animals left to hunt. For other aristocratic amusements like gambling, dueling, and warfare, it may be only too easy to find equivalents in dangerous driving, drug-taking, and senseless acts of violence. Workers seldom commit acts of violence, because they can put their aggression into their work, be it physical like the work of a smith, or mental like the work of a scientist or an artist. The role of aggression in mental work is aptly expressed by the phrase "getting one's teeth into a problem."

(712 words)

注:
Hannah Arendt: 1906–1975, 出生于德国的美国哲学家。

第四届"外教社杯"全国高校外语教学大赛电子教案比赛纪要

比赛背景

2007年,教育部颁布了新的《大学英语课程教学要求》,要求指出:"各高等学校应充分利用现代信息技术,采用基于计算机和课堂的英语教学模式,改进以教师讲授为主的单一教学模式。"为进一步贯彻《要求》思想,推进多媒体技术辅助大学外语教学的发展,2013年"外教社杯"全国高校外语教学大赛增设电子教案设计与制作比赛,希望通过这次赛事鼓励高校外语教师积极利用网络、多媒体等教学资源,创新课堂教学模式,进而带动大学英语教学手段和教学理念的更新和完善,提升课堂教学实效。

赛制安排及评审标准

本次电子教案比赛分为初赛及决赛两个阶段。初赛由大赛组委会邀请的评委对所有参赛电子教案进行匿名评分,评审出30件参赛作品进入决赛。决赛由网络投票和专家评审两部分组成。其中,网络投票得分占决赛总分的30%,进入决赛的作品在新理念外语备课中心(http://tc.newp.cn)平台集中展示,公开供全国高校教师投票;专家评审得分占决赛总分的70%,由大赛组委会邀请的英语教学和计算机信息技术方面的专家从以下五个方面对作品进行评分:

1. 教学内容:在比赛规定的范围内知识内容范围完整,知识体系结构合理;教学内容及其组织结构与教学大纲、教学目标和教学对象匹配;体现以学生为主体、教师为主导的原则,注重培养学生的思辨能力。
2. 教学设计:能按照教学目标要求和语言教学规律,合理编排教学内容及步骤,紧扣教学重点,以内容为核心,主次分明,详略得当,条理清晰;教学任务设计生动有趣,可有效激发学生的学习动机和学习兴趣。
3. 界面设计:界面整体布局合理,风格统一,色彩搭配协调,视觉效果好;文字、图片和影像的大小、位置及其比例恰当美观。
4. 功能设计:菜单和按钮的功能划分清楚,导航系统完备合理,交互性强;操作步骤明确,使用简单方便;无链接错误,容错性好,响应时间快。
5. 素材质量:图片、音视频、动画等多媒体材料的选择切合教学主题,数量适度,能高效达到预期的教学目标;和谐协调;制作和处理符合相关技术标准,图片清晰生动,音视频清楚流畅,大小适中。

比赛基本情况回顾

  比赛要求参赛团队以A Woman Can Learn Anything a Man Can为题，以组委会提供的基本素材为核心，严格遵循有关技术规范，设计制作包含两堂课（每堂45分钟）授课内容的电子教案。本次电子教案比赛自2013年4月1日报名启动开始，至2013年11月12日颁奖典礼公布获奖名单止，为期7个多月，共收到来自全国26个省、直辖市、自治区各类高校的204件参赛作品。

  参赛作品整体水平较高，大多数电子教案不仅教学目标明确、教学任务设计新颖合理、教学流程完整，并且界面设计也具有一定艺术表现力和感染力，交互形式丰富多彩，导航设计科学合理，图片、音频、视频等多媒体材料的处理和运用十分专业，充分显示出高校教师在外语教学和计算机信息技术两方面较强的综合素质。

  最终，来自福州大学、深圳大学、河北师范大学、上海师范大学天华学院、江苏大学、烟台大学、北京城市学院、哈尔滨工业大学、广东财经大学等高校的30个参赛团队分获特等奖及一、二、三等奖。

意义及影响

  第四届"外教社杯"全国高校外语教学大赛电子教案比赛是专门针对我国大学外语教师的一项教学技能赛事。虽是首次举办，但在规模、质量和影响力方面，均达到相当高的水准，在高校教师中反响热烈。比赛为教师搭建了一个教学比武和展示的平台，有利于提升教师教学业务水平，促进教师之间的交流和互相学习。

  本次比赛涌现出一大批制作精良的优秀电子教案，这些电子教案所展现出的教学理念和教学思路的创新以及人文性、思辨性和实用性相结合的教学法将在大学外语教学领域产生深远的影响，成为全国范围内的示范和导向。

  面对互联网环境下成长起来的"数字化一代"学生，如何利用多媒体信息技术激发学生的学习热情、引起学习兴趣成为每个外语教师都应该思考的问题。使用电子教案辅助课堂教学能够使知识的呈递更加直观与形象，让学生乐于接受新知识并愿意与教师互动，从而使教与学浑然一体。这是针对教学对象的变化而采取的一项积极有益的尝试与创新，充分体现了大学英语教学改革的精神。

第四届"外教社杯"全国高校外语教学大赛
电子教案比赛获奖名单

特等奖

参赛单位	主要参与人员
福州大学至诚学院	陈娟,陈钦,李珊珊,林婧

一等奖

参赛单位	主要参与人员
深圳大学外国语学院大学英语部	张新颖,陈曦,黄敏喧,何敏佳,杨晓旭
河北师范大学	赵烨,苏丽敏,翟谧倩,权莉
上海师范大学天华学院	胡玥,黄蔚,卜迅,韦晓英

二等奖

参赛单位	主要参与人员
江苏大学外国语学院	王月芳,吴莉,蔡姗姗,戴文静,李海岚
烟台大学	王洪强,徐晓艳,杨京,赵利
中南林业科技大学外国语学院	何敏,李桃
山东农业大学外国语学院	孙凤娟,赵吉龙,王晓霞,李桂东,侯杰
江西科技学院	李芳媛,杨晓艳,李君,邹圣鹰
成都信息工程学院外国语学院	张舒,陈丹

三等奖

参赛单位	主要参与人员
北京城市学院	朱燕，张宁，郑丽虹，谷珍
华南农业大学外国语学院	严晓蓉，李志英，林绿
湖南商学院外国语学院	周玲，王静，莫娇娇，文兰芳
山东大学（威海）翻译学院	董薇，孙田丰，宫丽，咸慧慧
广东技术师范学院	张彦琳，王瑛，许成果
南京医科大学外国语学院大学外语二部	薄蓉蓉，秦晔，王蕾，杜笑秋
鲁东大学	张德盛，陈琳，林明东，吕晓军，常迪
曲阜师范大学公共外语教学部	代尊峰，杜明真，马艳颖，秦立军，仲蕾
山东农业工程学院语言文学系	王彦，王晓霞，温少梅，孟芹，李欣
湖南第一师范学院	叶晶，陈倩，唐新萍，唐文杰
广东第二师范学院外语系	王燕，何海珍，袁春艳，谢满兰
河北联合大学轻工学院	杨艳超，薛欢，董习乐，景柏盛
山东工业职业学院	张浩，袁扬，项莉
海军航空工程学院基础部外语教研室	陈莉，刘辉，崔娟娟，王学生，徐晓军
哈尔滨工业大学外国语学院	张世超，关晓红，常青，李雪
首都医科大学卫生管理与教育学院应用语言学系	华瑶，郭晶，杨波，孟倩，陶鑫
北方民族大学外国语学院	郭晶，刘星，麦春萍，王海岩
河北联合大学	杨东英，吴敏，李宁
河北金融学院	高俊杰，张旭，刘芳，薛晶晶
广东财经大学	李静，丁洁云，张敏敏

特等奖　福州大学至诚学院

参赛感言： 能在外教社提供的这一华丽的战场上再次一决高下，让我们再次展示自己、认清自己、反思自己，对我们今后的教学之路不仅是荣誉更是动力！感恩、奋斗、前进！

电子教案团队简介：

陈娟（左二）：研究生，讲师，主要负责教学设计、PPT制作、组织工作
陈钦（左一）：研究生，讲师，主要负责教学设计及PPT制作工作
李珊珊（左三）：研究生，讲师，主要负责教学设计及PPT制作工作
林婧（左四）：研究生，讲师，主要负责教学设计及PPT制作工作

作品设计思路及致谢

此次大赛主办方提供的文本题目是 A Woman Can Do Anything A Man Can, 作者是一名普通的女工程师, 叙述的是自己学习成长的经历。我们认为, 题目所给出的观点在当下为绝大多数年轻人所认同, 但未必真正能以实际行动证明其有理。因此, 我们所设计的 Warm-up Activities 是沿着"引出现象和问题—引出观点—引出观点与现实的矛盾（即学生认同这个观点, 但依然会在图片的描述过程中带着原有的 gender stereotype）—分析矛盾存在的原因—思考解决问题"的思路。

第一部分我们使用的是本学院学生的视频, 以呈现现象和问题, 采用听、思考、说结合的方式, 是较为简单的导入; 第二部分通过对图片的第一反应描述说明认同观点并不代表在现实会迎合（即男女生依然会对女性从事某些行业的工作表示"不太接受", 且教育在普及之后, 依然有很多行业是"男性主导"）, 采用看、思考、说的方式, 在表达观点的难度上较第一任务有所提升; 第三部分递进到 Facebook 的 COO —— Sheryl Sandberg 演讲的一个 1 分钟的有关女性在职场上表现的片段来给出深层次的原因分析, 并在观看后给出视频中的关键单词和表达法, 引导学生进行复述, 以加深对观点的印象和对语言的应用。这个部分相较于传统的 Warm-up Activities 来说, 更加强调思考的发散和语言使用的梯度, 任务的"不可预见性"较强。

在课文的精读部分, 我们将"显性预设"融合进讲解过程, 把对语言点的细节理解串联到对文章的细节理解, 并进而延伸到对作者言下之意的理解。作者虽是灌输一个想要打破成见的观点, 却在文章中不经意地强调"女性观点"（例如玩具的选择上）, 这个部分很适合学生在快速阅读后进行批判性思考。对于作者成为工科学生的缘由, 我们设计了一个"独白"表演, 训练学生寻找有效信息和快速组织语言的能力。对于单词部分, 我们只选择了 3 个在使用中相对高频的单词进行细节讲解。在作业布置上, 我们强调的是课上、课下阅读和思考方向的一致性, 重在将语言和观点在有限时间中进行最有效的巩固。教案的最后我们用动漫人物对下一次课的主要内容进行了预告, 活泼的画面使得整个课堂不会枯燥无味。整体上, 我们注重语言输入与输出的最佳比、思考力和学生的最大参与度。

通过此次参赛, 团队成员间有了更多对教学的思考、再思考、批判和进步, 这必将成为我们以后的教学工作在质量上取得突破的新起点。

最后, 向悉心指导此次比赛的潘红教授和赵婧副教授、全力支持比赛的至诚学院全体师生和外教社伊静波老师与陈涛老师表示衷心的感谢。

贾国栋教授点评：

该教案涵盖了课文的导入(Lead in)、宏观性阅读(Global Reading)、仔细性阅读(Detailed Reading)和作业(Assignment)四个部分，教学内容非常完整。导入部分的三项活动，即现象与统计数据、内外部原因和问题透视，既巧妙地激活了学生的已有知识，又在新旧知识间建立起了必要的联系，为进入宏观阅读阶段打下好的基础。作者在本部分直接将学生引入到教学当中，通过男女学生自己对本专业的陈述及调查数据（见PPT 1）来说明男同学和女同学在某些专业选择上的差异，很好地体现了本课文的主题，又以名人的例证和公开发表的数据作为支撑，使预热活动很有成效，知识呈递的结构合理，体现出系统性。

该教案的教学内容与组织结构紧扣《大学英语课程教学要求》中对阅读部分的要求，设计有明确的教学目标；由于以大学非英语专业基础阶段学生为教学对象，其内容完全适合教学对象的英语水平和学习风格。整个课件教学活动的设计充分体现出以学生为中心的理念，如交互式语言练习的设计，充分把学生引入到教学活动当中，但又不失教师作为整个教学活动的组织者的角色。该课件还多以启发学生思考问题的形式设计教学活动，如各部分前的问题引入，这非常有利于培养学生独立思考的能力。

该教案的教学步骤编排合理，符合交际教学原则和由浅入深、由里及表的基本教学流程，各项教学任务和活动都能体现出教学的重点，且详略适中。作者选用了与课文内容相关的大量多媒体素材（PPT 2）激发学生的学习兴趣，应会收到良好的效果。

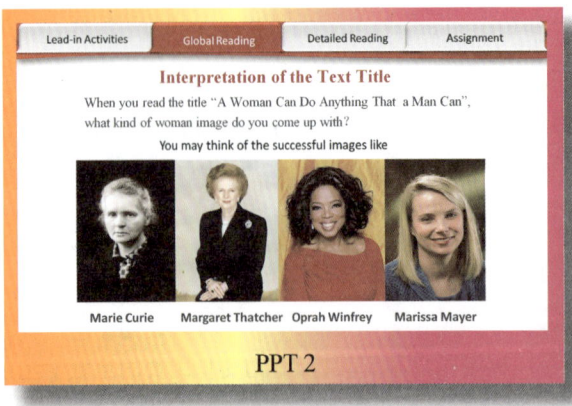

该教案整体界面布局合理，风格统一，色彩搭配优雅，有很强的视觉冲击力，其中的

图形、图像、音频、视频、动画等多媒体素材质量高且运用恰当 (PPT 3)，形象地表现出课文的内容及涵义。该教案的整体设计还体现出一定艺术表现力和感染力，能够激发学生的学习热情，让学生乐于接受新知识并愿意与教师互动，从而使教与学浑然一体。

PPT 3

该教案的导航功能设计得非常快捷实用，比如其主菜单和子菜单间的切换非常方便，且功能按键均排列在顶端，清楚、固定，使导航系统突出，易于交互，老师使用起来不会"迷失"于课件之中，相反会根据菜单提示，轻松操作。

电子教案具有示范作用，即学生会把教案中的每一部分看做可以仿效的样本，因而教学内容的精确就显得尤为重要。基于这样的考虑，该教案也存在一些可以改进之处，比如作为本教案最后一部分的Assignment (PPT 4)中还存在语言错误，如第二个作业**Further** the reading of the rest of the text, and try to **pick up** the expressions that help read between the lines中的further是不能用作动词的，pick up的用法也与该短语动词的意义不符，可能作者是想用pick out。而作为"作业"的任务要求也欠明确，还以第二个作业为例，只让学生挑出那些"expressions"，但要用这些表达法做什么并没有给出明确的任务要求，学生如不深入理解其在语境中的用法、不安排自主练习是很难掌握它们的。第三个作业Watch the rest of the video *Why We Have Too Few Women Leaders*. 只让学生把课上的视频接着看完，而没有提出看完做什么，这样没有设定具体学习任务的作业几乎等于没有布置，学生即使按要求看完也不会在语言学习或文化学习方面有明显的收获。

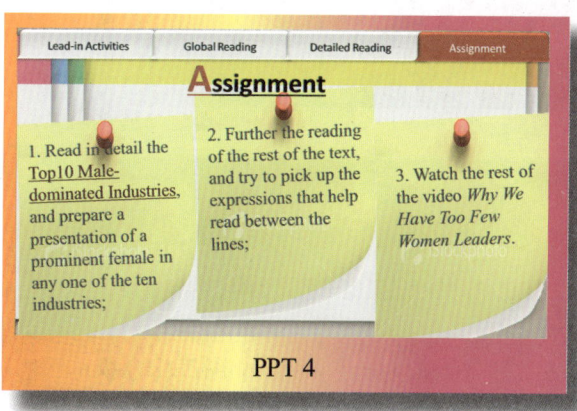

PPT 4

一等奖　深圳大学外国语学院大学英语部

参赛感言： 参加比赛是我们勇敢的、充满信心的、决意付出的行动，得奖让我们静静地坐下来反思。找到行动与反思的平衡，让我们真正成长！

电子教案团队简介：

张新颖（右一）、陈曦（右二），讲师，共同负责电子教案创作、内容编排、大纲思路设计和教案制作等工作。

黄敏暄（左二）、何敏佳（左三）、杨晓旭（左一），深圳大学在读三年级本科学生，负责电子教案的美术设计、视频制作、教案界面策划等技术工作。

团队竞技有感

团队中两位老师在深圳大学从事一线教学工作多年，经验丰富，对教学充满热情，积极参与了学校各项教改活动，并且在课堂教学方面多次获奖。在读三位本科学生，分别来自传播学院和管理学院，他们结合自己在专业中所学各种电子传媒技术和对英语学习的热爱，为这次参赛奠定了坚实的基础。

基于这些优势，本次参赛作品的设计，充分体现了层次丰富、内容有趣、贴近学生生活的特点。首先，本设计以建构主义的教学设计为主，结合教学系统设计的理论和方法，兼收并蓄，取长补短。以学生为中心，采用多元化、多样化的教学思想、方法和模式，力求实现"教学的个性化，模块化，协作化，和超文本化"（胡壮麟，2004）的教学设计理念。其次，在主题框架设计上，我们运用了起承转合理念，通过5个步骤令整个教学过程丰富完整。第三，在教学手段设计上，从教和学两方面出发。本次教学充分利用多媒体手段优势，让课堂气氛更活泼生动，使课堂运作在一定范围内更轻松。最后，在资源运用设计上，运用丰富的媒体网络资源，让学生获得第一手语言学习资料；同时也借鉴了PPT及Flash模板，以提高制作水准及效果。

本参赛作品在以下方面体现了其特色与创新。

第一，形式创新：第一部分的DIY Flash视频是原创作品，视频、图片、网络资源、pdf资源的使用都是学生熟悉并且喜欢的学习手段；PPT的整体风格，突破了传统的PPT制作，采用了更多的互动环节设计，让PPT充满动感与活力。

第二，内容创新：课件中通过各种形式，设计了学生的课堂活动任务，有Presentation, Group Discussion, Retelling等系列任务，让学生成为课堂的主人，老师是监管协调的作用。在此情境下，才有真正学习的发生和完成。每个部分的内容设计，都遵照规则，由浅入深，由难到易，当面对不同程度学生的时候，可以在课件中做自由的筛选。

第三，教学法创新：以学生为中心，让学生成为学习的主人，老师成为协调监控者；多模态教学，使用视听、读写多重手段，从而丰富课堂；引入学术英语理念，着重于培养学生的语言技能，为下一步专业学习夯实基础。

第四，特色参赛梯队：我们的团队由老师和学生共同构成，能保证是从教与学两方面来设计任务，一方面满足老师的需求，一方面响应学生需求，提高学生学习积极性，不仅让学生习得知识，更能提高能力。

真心感谢上海外语教育出版社搭建如此多姿多彩的舞台，让一线教师，让一线学生，有机会、有平台、有兴趣参与到这样的赛事中，展现自己的观点，分享自己的教学和学习经验。通过团队合作，无论老师还是学生，都受益良多，我们收获的不仅是辛勤劳动后的奖项，更是一起同甘共苦的真挚感情，感谢一路有你们！

夏纪梅教授点评：

该作品充分反映出作者有现代外语教育理念和高等教育理念的指引，对教学设计有学术性研究，对教育技术应用娴熟适当，对所教的课文理解透彻，演绎精彩。整个作品在这些基础上实现了"四多"优势：多模态呈现、多元智能认知、多形式教学活动、多向度多层次思维。

在教学内容方面，该作品全面涵盖英语语言知识结构、语言技能培养、社会文化研习、思辨能力引导以及自主合作学习任务。例如，vocabulary study富有创意，既有图片辅助理解意义，也有中英文详细定义，还有词语搭配等。Text structure依据故事主人公的人生发展阶段划分并附加相应的问题，而且这些问题都意在启发思考。Language point提供了tip和definition以及用法和例句。Language skills在课内和课外都有真实的应用，最有特色的是speaking, reading, listening, writing, presenting, discussing, research, mini-drama相互关联，浑然一体。

在教学设计方面，作者对整篇课文的处理有创意，有深度，有结合学生的生活经历和现实思考，有适切的社会背景，有适当的专题延伸。比较独特鲜明的亮点有：1) 从女性在广告中的形象及其隐含信息入手，刺激引发对课文主题的相关思考，即关注社会性别歧视现象和男女差异的传统思维定势。2) 对课文的解读能够抓住要害，不断追问和反问学生作为读者的想法，还有不同的解读任务。3) 任务设计有明确目标、具体指导、分门别类、选材广泛：听CNN主持人interview the powerful or successful women，录制discussion on "women: yesterday, today and tomorrow"，阅读website美国著名女专栏文章What's your potential? How to know it and grow it?，写作argumentative文章。最与众不同的是，该作品由师生共建，有原创视频音频作品。可以说，该作品充分体现了现代外语教学界倡导的教学设计多项原则：stimulating, activating, involving, engaging, facilitating, enabling，从而保证了这堂课的"五性"效果：生动性、互动性、工具性、人文性和教育性。

该作品的优异之处还表现在界面设计和功能设计相辅相成，相得益彰。课件的outline既有整体页面，又有逐一点击和回放功能；passage structure, vocabulary study等部分都以动态呈现形式变换，内容的"登场"效果极佳，功能创意多多，成功达到"四动"：生动，机动，能动，变动。课件的页面清爽宜人，别具一格。

在素材质量方面，多媒体多资源采集与应用对课文主题相关的教学和实践任务具有支撑力，材料形式包括flash, movie clip, ads, DIY video, video lecture, picture, joke, saying, website resources等，丰富多彩，有质有量，具有当代外语教学源于文本、超越文本、支持文本、丰富文本的示范和导向。

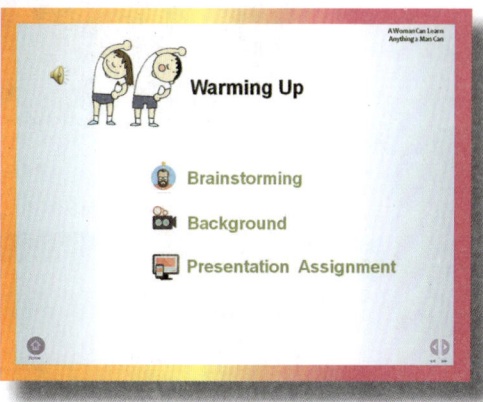

一等奖　河北师范大学

参赛感言： 一滴水汇入大海才能永不干涸，一个人融入集体才能更有力量。

电子教案团队简介：

赵烨（左三），硕士研究生，主要负责总体结构框架、内容及版面设计制作等工作。

苏丽敏（左二），硕士研究生，主要负责版面设计调整、内容设计制作等工作。

翟谧倩（左四），硕士研究生，主要负责音像动画效果、界面可操作性设计等工作。

权莉（左一），硕士研究生，主要负责音效制作、后期调整完善等工作。

同心协力，共创佳绩

本电子教案的开发基于WEBQUEST的教学理念及任务型教学法，分为导言、任务、过程、资源、评价、结论等6个模块，组织学生学习并讨论女性的独立、自尊及对女性的性别歧视等话题，引导学生阅读并分析文章，了解课文的写作手法，学习记叙、说明、议论三种文体的结合及各自的行文规律，帮助学生掌握文中的语言点、句法结构、特殊语法等内容，指导学生学习并实践对比和对照的写作方法。在教学设计上，本电子教案以飞机的航程为主线，按照登机起航、爬升、翱翔和着陆四个环节，将课前热身、课文分析、细节阅读和课后拓展四部分有机串联起来，并设置迷你任务、伙伴任务、团队任务等多层次课堂活动，吸引学生在主动完成不同学习任务的过程中实现教学目标，突出以学生为中心的教学宗旨，实现英语课程人文性与工具性的有效结合。

本电子教案将WEBQUEST的教学理念应用于大学英语教学，充分结合网络资源让学生进行探究式学习，采用各种策略激发学生学习动机，有很强的交互性和可操作性。飞机航程的主线设计新颖、独特，极具亲和力，使学生的目标感更加强烈、直观。各种活动和任务的设计形式多样，生动有趣，充分避免了传统大学英语课堂"教师教、学生记"的枯燥课堂环境。新颖的探究式学习方式要求学生具备小组合作的能力，通过解决问题促进高水平的思维，可有效激发学生的学习动机和学习兴趣。

我们团队很荣幸能够代表河北师范大学参加本次电子教案大赛，并获得一等奖。这次比赛的经历使我们对于教学、教案的设计有了新的、更加深刻的认识，从中获益颇丰。一方面，教案的设计是我们几经斟酌、反复修改、倾尽心力、团结协作的结果。教案的总体思路确定后，我们不厌其烦地斟酌细节，对学情评估、任务预设、教法选用、环节过渡、界面设计、交流互动等，都是精益求精。在不断修改完善中，我们对WEBQUEST的教学理念有了更深刻的认识，对现代教学技术的运用也更为娴熟。另一方面，我们也从其他参赛选手的作品中受到很大启发。他们流畅的设计思路、新颖的教学理念、美观的交互界面等都给我们留下了深刻的印象。

此外，在教案设计过程中我们得到了学校和学院领导、老师和朋友的支持和帮助，我们在此表示衷心的感谢！最后，感谢本次比赛的主办方为全国高校的英语教师提供了这样一个学习交流提高的平台，我们一定会将本次比赛中收获的心得体会应用于今后的教学实践，不断提高教学水平！

贾国栋教授点评：

该教案共设计了介绍（Introduction）、项目（Project）、过程（Process）、评估（Evaluation）和结论（Conclusion）等五个部分，并借用了比喻概念——航空术语登机、起飞、巡航和降落四个过程分别喻指该课程教学的文本准备（Text Preparation）、文本分析（Text Analysis）、文本资源（Text Resources）和文本拓展（Text Extension）四个主要部分（PPT 1），立意新颖、直观，具有启发性。教学内容既对给定文本做了深入讲解，又进行了有效拓展，达到全面理解课文的目的。

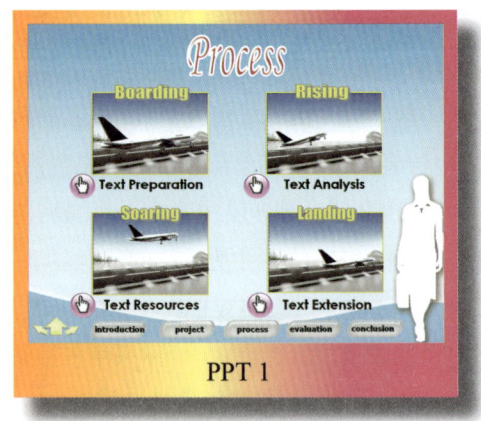
PPT 1

该教案在内容与组织结构上设计清晰，开篇的具体语言教学内容以任务形式明确列出，如：

To learn and talk about the self-esteem of women;

To read and explore the combination of narration, exposition and argumentation;

To master the language points and grammatical structures;

To develop a paragraph of comparison and contrast.

它们与学生接触本单元时的初始认知相结合，明确了所要达到的学习目标，学习效果明显增强。本部分知识呈递的组织结构由于借用比喻而变得异常清晰，衔接自然，符合学生的认知规律。教学活动具有交互性，且多以学生参与为核心，一定程度上体现了交际教学的理念，比如在Boarding部分Who's Who的任务中，作者给出人物定义，

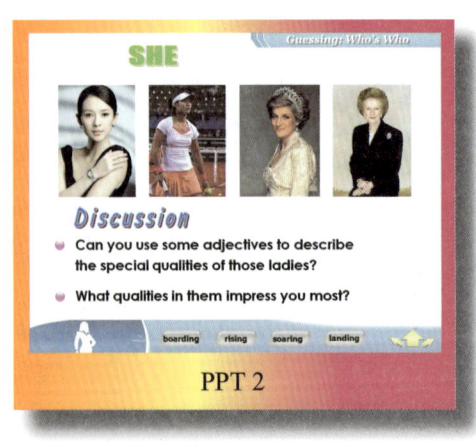
PPT 2

由学生猜测定义中的杰出女性代表，这种交互任务设计具有激发学生参与并思考的作用，促进师生互动。该教案界面清新、淡雅，学术韵味深厚，整体风格统一，视觉感受舒适。教案所选用的图像、视频、动画等多媒体素材具有很高质量（PPT 2）。

该教案如在个别关键用词上再加推敲就更能体现英文教学的特色，比如教案设计缺少作业环节，使课堂教学的完整性存在缺憾；在conclusion前设计了一个evaluation环节，但又不知是让学生对自己的教学进行评价，还是老师对学生的表现进行评价；借用航空比喻概念Boarding, Rising, Soaring和Landing中的Rising和Soaring是同义词（PPT 3），而航空术语中更多用Climbing，起飞后的巡航更多用Cruising等。

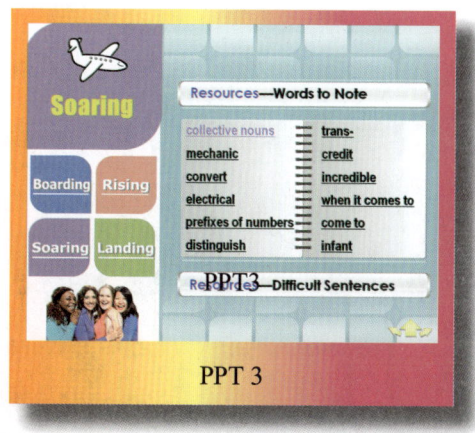

PPT 3

一等奖　上海师范大学天华学院

参赛感言: 吹尽黄沙始见金。

电子教案团队简介:

胡玥(左二),博士在读,讲师。负责小组的组织统筹以及电子教案的全局和所有细节、技术设计。

黄蔚(左一),硕士,讲师,本次课件大赛负责课文主题相关的批判思维练习设计。

卜迅(左四),博士在读,讲师。主要负责视频资料的选择收集及语法部分的设计。

韦晓英(左三),硕士,讲师,参与课件构思讨论和校对。

教无止境

多媒体教学已是当前英语教学的常态，绝大多数英语老师都已习惯于一手抓书本一手拿优盘走上讲台。从最初的辅助到如今的不可或缺，电子教案的设计也吸引了越来越多关注的目光。从教数年来，PPT也与我们的教学息息相关。我们不习惯使用书后现成的PPT，这倒不是否定别人的成果，实在是因为PPT反映了设计者的思路，无论是导航还是布局，无论是选材安排还是动画设计，甚至只是图片出现的先后顺序都有只可意会不可言传之深意。在我们看来，教师不应该只是PPT的操作者，如果只是机械地按照导航从第一页展示到最后一页，如此披着机器外衣的教师必然不会受到学生的喜爱。所以每次备课我们都会在吃透课文的基础上重新按照自己的思路选择素材，安排布局，如此备课虽然辛苦，却乐在其中，因为至少在对着台下学生侃侃而谈时我们已对自己的电子教案了然于胸，上起课来自然就能如行云流水般畅快淋漓。换言之，只有做电子教案的主人才能不被技术制约手脚，才能成为课堂教学的主人。

本着这样的设计理念，我们团队参加了此次外教社主办的电子教案大赛。参赛素材的主题为打破性别定式，看到这样的主题大家一时间觉得可补充可引申的东西太多，如何取舍的确颇费思量。经过商议，我们确定了自己教案中的四个核心板块。这里谈谈我们对于Lead-in和Exploring the strategy两部分的设计理念。

Lead-in通常是电子教案中最容易吸引学生注意力的地方，但考虑到大赛规定教案用于90分钟的课堂教学，我们必须大刀阔斧地删掉看似热闹但与教学关系不大的内容。鉴于文章的开头提到了典型的男孩女孩玩具，我们决定导入部分由挑选玩具引入，这样的话题学生既不会感到陌生，又能直观习得课文中的玩具词汇，实现了主题引导和课文铺垫的双重目的。由玩具的不同引出课文的关键短语gender stereotypes，再通过教师示范和学生操练的形式分析性别定式思维在社会中的种种表现，从而过渡到核心议题——如果我们打破性别定式会怎么样，最终水到渠成地引出课文题目。

之所以在课文分析后加上了Exploring the strategy则是因为对文本的理解不能仅停留在what does the text say这一层次，还应该引导学生通过对文本的解读分析how does the text say what it says这一较高层次的阅读体验。文中使用了大量的concessive clauses，因此我们在这一部分通过一系列步步深入的教学手段，帮助学生掌握这一重要写作技巧。接下来，我们针对文章主旨，引导学生积极运用批判性思维：文章分析的是女性打破性别定式，那么男性打破性别定式又会出现什么情况呢？这里我们截取了《老友记》中有关男保姆Sandy应聘时以及工作中的遭遇的视频。这些视频恰好从不同角度对gender stereotypes作了亦庄亦谐的解读。

参加此次大赛我们收获良多，也感慨良多。一份优秀的PPT不仅仅是图片精妙或视频有趣，更应该是层层深入、环环相扣的。愿我们都能成为电子教案的真正主人！

夏纪梅教授点评:

该作品整体设计思路清晰,具体环节设计新颖,"教案设计说明"是参赛者当中为数不多的高水平高质量文本。作者对课文的主题意义把握准确,即打破性别思维定势还原人本努力对人生的重要意义,这也是参赛者中难得的解读结论。因此,该课程设计和教案本身就是体验高层次阅读与写作相结合过程的典范。

在教学内容上,作者紧紧围绕社会对女性的stereotype和课文女主人公的成功事实,集中开展思维方式和语言应用策略方面的教学。例如,有对专有词关键词gender stereotype的定义;对其社会现象的描述、评论、分析、质疑;对课文故事内容的梳理、事实回顾、文化备注、预测下文、转折对比、换位思维;选择那些最为典型的为意义服务的语法句型应用于思维、表述和论文写作;还有审读技能等。显然,这一课的教学内容打破了一贯的关注点,其重点选择非常独到,特别符合当代大学生的大学学习。

由于教学内容独到,教学设计必定创新。作者引导学生对课文的解读不仅关注what does the text say,更注意how does the writer say what to say。为了帮助学生体验高层次的阅读和思维,该作品的导入通过对传统的"男女有别"组图的描述和评论,转到现代"男女同领域同出彩的代表"组图,经过热身研讨后自然闪出课文主题。作者对课文的解

构与众不同,分为孩童时期伴随gender stereotype的成长经历、成人后逐渐打破成见偏见的成长过程,最后凝练出人的成长成功规律。整个教学设计步骤符合认知规律,设计的任务有具体分工、有即场交流和展示。各项活动都有利于培养逻辑思维和批判性思维。

界面设计和功能设计富有现代元素。例如，目录页内容有组合有分解，动态呈现。凡是图片均用先图后词再分类的形式，以便思考与讨论。提供广告中的性别用词组合时巧妙美观，富有视觉效应。将课文故事主人公的成长轨迹图示化并留有余地，供预测或猜测最后的结局，不失为一种有效导读。

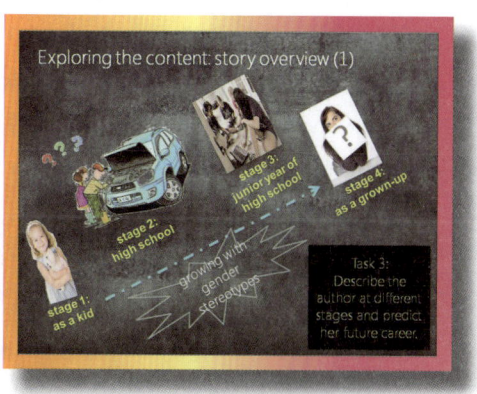

素材方面有图片、照片、动画、视频、音频等，足够为教学主题服务。

二等奖　江苏大学外国语学院

参赛感言： 没有完美的个人，只有完美的团队；只有在集体中，个人才能获得全面发展其才能的机会。

电子教案团队简介：

王月芳（左三），硕士研究生，副教授，主要负责团队的研讨和分工、作品的设计思路和特色创新、语言点的重点和难点选择、互动环节的设计和各编写部分的衔接。

吴莉（右二），硕士研究生，讲师，负责作品整体框架设计、版式编写制作、校对以及全篇定稿；制作Detailed reading部分，并参与其他部分的修改工作。

蔡珊珊（右一），硕士研究生，讲师，参与PPT整体设计和制作，主要负责目录、子目录和Pre-reading部分的设计和制作。

戴文静（左二），硕士研究生，讲师，主要负责PPT的整个布局架构及所有文字内容的设计整合（包括课堂互动环节的活动设计及语音录音部分）；主创设计制作Global Reading部分，参与课件的最后审查及配合交稿工作。

李海岚（左一），硕士研究生，讲师，主要负责Post-reading和Assignment两部分的初步编写、课件的整体链接、检查和邮寄、作品设计说明的编写。

作品设计理念及主要特色与创新

一、设计理念及组成部分：

本电子教案由pre-reading, global reading, detailed reading, post-reading和assignment组成。五个部分深入浅出、前后衔接，将语言基本技能的教学和思辨能力的培养有机结合：

Pre-reading部分是导入部分，以鲜活的图片、有趣的视频等多维方式对学生进行语言文化的输入，由浅入深地引发学生思辨，而后以口语输出的方式考查学生的掌握程度。

Global reading部分是对文章的整体架构，包括单词发音和文章结构的梳理；引入快速阅读技巧，帮助学生提升阅读水平，加深对全文整体性的把握。

Detailed reading部分是对文章语言知识点进行详尽的讲解，包括重难点单词、短语、句式及语法的讲解；其中设计有趣的阅读活动，可以有效激发学生的学习热情和学习动机，加深学生对文章细节的理解。

Post-reading部分是对文章的巩固学习，通过词汇、翻译练习以及相关拓展阅读的形式，拓展学生的语言文化视野。

Assignment是课后作业部分，这部分以写作、多媒体展示以及辩论形式展开。

二、主要特色与创新

1. 前沿的教学理念

本电子教案的整体构思和任务设计是建立在"输入—输出假设理论"基础之上的。在对学生进行充分有效的输入之后，能让学生在英语语言基本技能以及思辨能力有所提高的前提下进行有效的输出。

2. 英语语言基本技能贯穿始终的教学方针

本电子教案把听说读写译的英语语言基本技能作为重点贯穿于整体教学当中。每个部分会相应地引入英语语言技能的讲解并引领学生应用，做到"学用结合"、"学以致用"，从而克服中国学习者普遍存在的"学过不会用"这样的英语语言应用能力上的欠缺。

3. 趣味性与思辨性并存的教学活动

本电子教案选取了大量精美的图片以及清晰有趣的视频来引发学生的思考。选取的素材体现出经典性与时代性的融合，能极大地调动学生的兴趣，给学生带来视听盛宴。

4. 以学生为中心的多元互动的教学模式

本电子教案设计摒弃了传统教学中以教师为中心的单向操练模式，构建了以学生为中心的多元互动的教学模式。多样性的学习任务设计，将听写、讨论、翻译、写作、阅读、辩论和多媒体展示等各种互动学习活动穿插在整个教学中，全方面锻炼学生的听说读写译能力、思辨能力和合作学习能力。

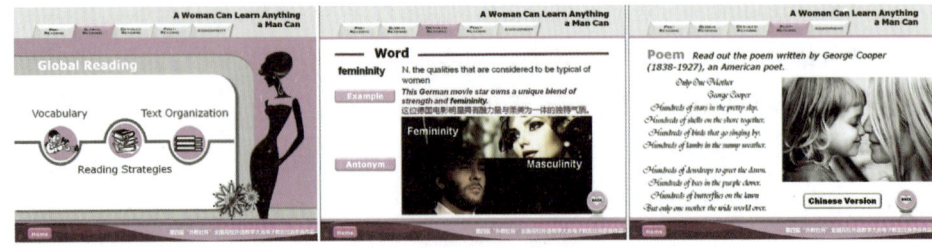

贾国栋教授点评：

该教案首页设定有明确的教学目标，包括掌握主旨和结构、熟悉重要的语言点、学会阅读和写作技能、完成主题相关的系列练习和培养批判性思考能力等，具体的教学内容分为前读（Pre-reading）、宏读（Global Reading）、细读（Detailed Reading）、后读（Post-reading）和作业（Assignment）五个部分。从教学目标和教学内容来看，基本涵盖了教学的全过程，非常完整。"前读"部分从头脑风暴、口头陈述和观看讨论等充分吸引学生参与的活动开始，很快引起学生对主题和课文的学习兴趣，激活学生已有知识，为进行"宏读"打好基础（PPT 1）。"宏读"部分设计了名词、动词习语等词汇学习内容，略读、寻读等阅读策略和段落大意及篇章结构等三部分，通过掌握必需的词汇来了解相关的阅读策略和语篇结构，最终达到理解课文主旨大意的目的。"细读"部分以逐段仔细分析语言特点为主，同时也梳理了各部分和各自然段的特点及篇章衔接模式。"后读"做了全篇的总结、给出参考译文并拓展了主题相关的英诗，为篇章的讲解画上完整的句号。

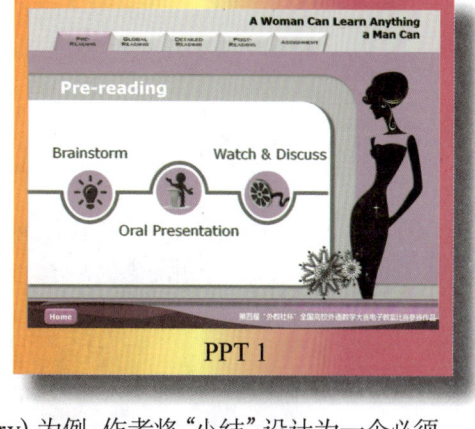

PPT 1

该教案的教学内容丰富，教学活动设计互动性强，如以"后读"中的小结（Summary）为例，作者将"小结"设计为一个必须要求学生参与的语篇填空，使总结性语言活动变为具有吸引力的、开发思维的语言练习，可大大激发学生的兴趣和参与度，体现出以学生为中心的教学理念。

PPT 2

该教案界面设计优雅，前后导航措施统一，淡淡的粉色与主题内容相关，给学生一种和谐、柔美的视觉效果，创造了一种安静的学习环境。教案中的图像、音频与视频等多媒体资源选择适当、有意义、质量高（PPT 2），而且在各种运行操作系统下运行流畅。

该教案在教学目标中所提及的批判性思维能力如能配以更多解释和交互型教学活动，则更能激发学生的参与度，培养学生具备一定的有选择的接收知识并带着问题去拓展课堂学习内容的能力。

二等奖 烟台大学

参赛感言： 参赛，既要有拼搏的精神，也要有海纳百川的胸怀。获奖，不是比赛的终点，而是又一次拼搏的起点。

电子教案团队简介：

王洪强（左一）：硕士，副教授，负责课件的统筹及技术支持
徐晓艳（左四）：院长助理，硕士，副教授，负责课件的总体设计与材料整理
杨京（左三）：硕士，讲师，负责课件教学理念的设计与材料的搜集整理
赵利（左二）：硕士，讲师，负责课件材料的搜集与整理

形式为内容服务，课件为教学添彩

一、电子教案的指导思想和设计思路

1. 指导思想：

以《大学英语课程教学要求》中有关多媒体教学模式与传统教学模式相结合的教学理念为指导思想，充分体现英语教学的实用性、知识性和趣味性，调动学生课堂学习的积极性和参与性，并体现学生在教学过程中的主体地位和教师在教学过程中的主导作用。

2. 设计思路：

首先，本电子教案基于两个课时的授课内容而设计，要求在两个课时内完成教案所涉及的内容。其他内容未包含于电子教案，但部分内容作为课后作业(tasks)予以布置。

其次，本电子教案从课文的主题入手，通过主题导入的方式引起学生对该话题的注意。为了突出课文主题思想，更好地让学生理解作者意图和课文内容，电子教案使用了大量的女性题材素材，包括图片、视频、文字材料等，内容涉及古今中外。同时，就课文内容提出部分问题，启发引导学生更好地理解课文。

第三，课文主体部分包括词汇、课文结构分析、课文录音、语言点解析。精选一些图片、图标、声音和自定义动画效果配合文字，以多种方式呈现给学生，让学生学习更加轻松，同时提高了课堂教学效率。

最后，围绕课堂学习内容，为学生设计了与主题相关的课外作业，如复述故事、调研报告、分组辩论。课外作业力争趣味性与知识性相结合，并具有一定的挑战性，使学生在轻松愉快的氛围中完成作业，做到寓学于乐，培养学生合作学习、探究学习、团结协作的意识，让学生在完成任务的同时增强英语学习的兴趣。

二、特色与创新

我们运用了Powerpoint2007的各种技术技巧，图片和谐统一，色彩华丽，超链接定位准确，各部分过渡自然，使得整个课件浑然一体。最突出特色表现在三个方面：第一，课件文字效果美观，字体大小适中，完全适合课堂教学。第二，动画技术和幻灯片切换与课件内容紧密结合，互相匹配，能够吸引学生听课的注意力，激发学习兴趣。第三，充分发挥Powerpoint在多媒体控制方面的潜力，即使没有控件也能够不受影响地自由控制多媒体的播放。

总之，本电子课件结合多画面、多音频、多动画、多链接的制作技术，运用启发式教学，能激发学生的学习兴趣，充分调动学生积极性，让学生参与教学，寓教于乐。

三、设计心得体会

多媒体课件是当代课堂教学重要的教学手段之一。随着教育技术的不断发展，多媒体课件在教学中发挥着越来越重要的作用。因此，课件的设计与制作不仅要体现一定的教学目的，更重要的是要充分表现一定的教学内容，并能反映某种教学策略。参与本次"外教社杯"全国高校外语教学大赛电子教案比赛，不仅使我们获得了更多的课件制作经验，也使我们从其他团队那里学到了更多的课件设计与教学理念，拓宽了视野，丰富了知识，也更加认识到多媒体课件在课堂教学中所发挥的促进作用。优秀的课件设计不仅能够有效地传递知识，而且还能够启发思维，创设友好的交互环境，促进师生的良性互动，更好地达到教学效果，实现预定的教学目的。

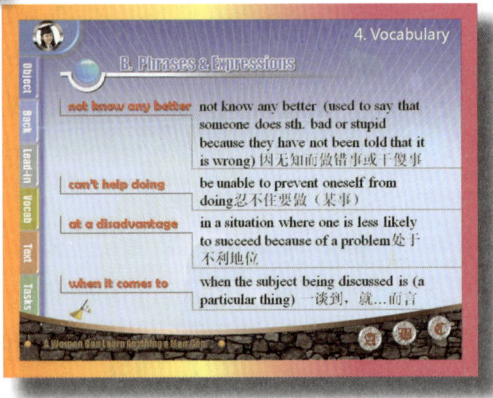

夏纪梅教授点评：

该作品对课文主题的演绎独具匠心，选择的视频材料富有启发，学前热身导入活动设计丰富多样，学中的常规动作有所创新，学后布置的任务属于真实应用，界面功能富有技术特色。

在教学内容上，该作品提供了与课文主题相关并有支撑作用的多种素材，包括美国历史上第一位获得麻省理工博士学位的女性黑人、关于美国成功女士的报告等。与此相比，课后任务要求学生结合本土文化和环境，寻找案例证明课文主题，同时开展正反方的辩论。这些内容都有利于大学生的深层思考。

该作品的教学设计最有特色的是"主要内容"和"教学目标"，两者都很有国际ELT的范儿。"主要内容"的六个组成部分很具体；"教学目标"的措辞很规范，有"微技能指向"，有"量化指标"。对教学材料的使用的设计符合认知规律。例如，观看视频前先给问题，以便带着问题去视听；又如，在显示人类男女进化状态的图片后加以提点评论，引发思考。对"课文结构分析"的呈现形式有创意，即先有段落大意凝练并配图，随后呈现段落文字，从视觉上减少千篇一律"框架式"呈现的枯燥感。

该作品的界面设计和功能设计特别周到、灵活、美观、可应需操作。封面插图以"男女同在起跑线"和"女性成功形象拼图"凸显课文主题。目录页用时针指向1-6个主要内容部分并能逐一动态进入。音频材料链接顺畅，点播内容既可顺点也可单点。词汇学习部分每一进程都有小标记指引。

素材质量上有适当的选图，视频、照片等贴切清晰。背景知识方面还增加了University of Maryland。

二等奖 中南林业科技大学外国语学院

参赛感言： 对教学的热爱，对英语的热爱是我永远的动力；学生的成功是我职业幸福感的不竭源泉！

电子教案团队简介：

何敏（左二），女，外国语言学及应用语言学专业硕士，副教授，负责课件的教学设计、课件素材的搜集与整理

李桃（左一），男，教育技术专业硕士，讲师，主要负责课件制作技术。

教学相长，教无止境

一、作品设计思路

以输入为手段，输出为驱动，以真实有趣的任务为链，贯穿整个教学，在语言知识输入的同时注重输入有效学习策略，以达到提高学生自学能力的目的。

二、主要特色与创新：

1. 重视开发学生的学习潜能，设计了配套的助学课件，方便学生自学，从而将有限的课堂向课外延伸。

2. 注重词汇学习的层次性，从四个层次依次加深词汇的学习

    (1) 提供课文语境和该词的典型语境；

    (2) 给学生提供输出机会，进行翻译练习；

    (3) 通过讲解该词语的构词，鼓励学生猜测其同根词的词义；

    (4) 以词块为记忆单位，通过复述故事来记忆词汇。

    我们还在助学课件中提供了更多词汇使用语境，以及该词的同根词，并链接了网络词典，方便学生自学。

3. 在教学方法上实现了突破：以词块为记忆单位，以生动、有趣的故事为记忆手段，对单词、短语进行深度加工，从而解决词汇学习费时低效的问题。此外，还通过图片、视频、音频等多种媒体帮助学生记忆词汇。

4. 除了外语的工具性之外，还注重其人文性。助教课件中的例句和故事都是我们精心原创的，除了典型性我们还遵循了这几个原则：(1) 经典性：我们引用了经典名著《傲慢与偏见》、《巴黎圣母院》、《环游地球八十天》等；(2) 时效性：我们引用了欧美流行影视剧，如《越狱》、《女王》等；(3) 中华文化的传达：外语学习的目标之一是将母语文化以英语为介质，有效传达。我们的设计融入了中国元素，比如窦娥的故事、热播的电影《中国合伙人》等。

5. 注重情感目标。外语教学应该是情感教育的优质平台，本单元的情感目标是：不要轻易自我否定。以《律政俏佳人》、《风雨哈佛路》这些女性励志电影作为练习英语的材料，既契合了课文主题，又对学生进行了情感教育。

三、设计心得与体会

电子教案大赛落下了帷幕,我们团队获得了二等奖,但我们的收获远不止这个奖杯。"教而后知不足,教无止境,不断地学习才能铸就三尺讲台的精彩"是我们最深刻的感受。优秀同行们的精彩作品让我们看到课件设计应该朝着"科学性、艺术性、交互性"的方向努力,要尽量做到"辅教自学兼用、为学生创设使用语言的语境"。我们收获的点滴都能成为课堂质量提高的助推器,最终使学生受益。可爱的学生是我们不断自我提升的动力,而他们的肯定又是我们职业幸福感的源泉。感谢大赛主办方的辛勤付出,感谢你们为大学英语教师提供了展示、提升自我的平台。同时也感谢中南林业科技大学外国语学院的领导、同事对我们的关爱与支持。

莫锦国教授点评：

首先，该课件的教学目标明确。作者在课件的开头就列出学习本单元要达到语言、交流、学习策略等五方面的目标。为了达到这些目标，作者又设计了课前导入（Pre-reading）、整体阅读（Global Understanding）、巩固练习（Consolidation）、词汇学习（Words-learning）等五大步骤（见PPT 1）。这些步骤的设置体现了作者以学生为主体、以教师为主导、注重培养学生的思辨能力的教学理念。

其次，该课件在教学设计中，能抓准课文的重点难点，并刻意培养学生的口语能力。比如，在处理词汇时，不仅运用了传统的处理词汇的方法，还特意设计了词头词根学习策略。又比如，作者分别在Global Understanding和Story-telling两步骤中设计了复述环节，以培养学生看图说话的能力。

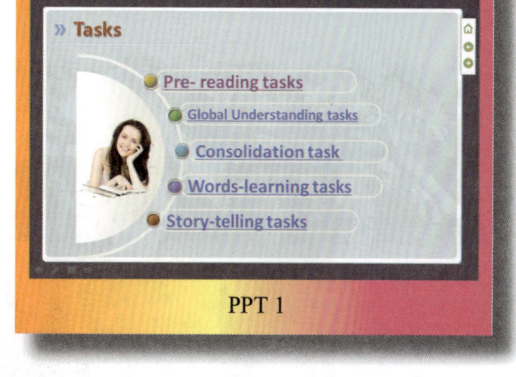

PPT 1

此外，作者在界面设计上用了功夫。整个课件版面以浅蓝色为底，课件中用黑、深蓝、深红等色展示内容，十分清晰，也不刺眼，很不错。另外，课件中所用的图片大小适中，导航图标也较醒目（见PPT 2）。

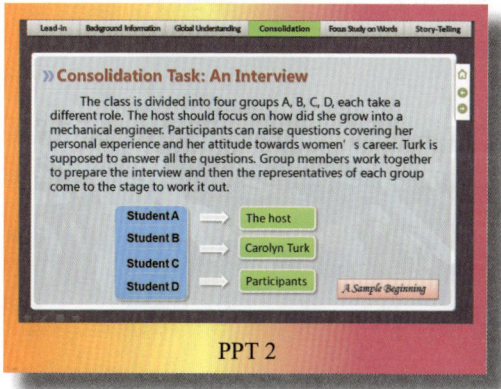

PPT 2

随着教师使用课件的普及，衡量一个课件优秀与否，往往体现在功能设计上，即通常讲的导航上。总体来讲，本课件的总体框架设计较为合理。通过母版的设计，使用者可以在用本课件的任何时候都能切换到另一个步骤。但是，在进入第一层次后，往下的层次却还是线性的，只能一页一页往下翻，这是本课件的缺陷。比如，在Global Understanding Tasks下有True or False、Pictures Matching和Retell the Story三项任务，但却不能点击进入任何一项任务，而只能一页一页线性地展现。

最后讲一下本课件中图片、音视频等的运用。作者在Lead-in中设计了听力活动，在课件的其他部分运用了视频，但整个课件共有十个视频，太多了，不太符合教学的实际需求。

二等奖　山东农业大学外国语学院

参赛感言： 每一次大赛都是生活给予的宝贵经验，是成长的必然。

电子教案团队简介：

孙凤娟(左三)，硕士，讲师，主要负责版面设计、课前与课后材料搜寻、整体合成。

赵吉龙(右一)，硕士，讲师，主要负责视频加工、课文内容挖掘、后期材料整理。

王晓霞(左二)，硕士，讲师，主要负责材料搜寻、课文思路设计、文本编辑。

李桂东(右二)，硕士，讲师，主要负责导入部分的思路与制作、后期合成与调试及设计思路的整理。

侯杰(左一)，硕士，讲师，主要负责图片搜集、文本编辑。

团队力量，博采众长

课文的主题是"男人学得会的，女人也学得会"，该主题可引申到当今社会男女就业平等、男女社会分工等主题。本教案依据课文内容与主题，兼顾到三个层面的教学目的，即：语言知识层面、语言技能层面及情感交际层面。从这三个层面的教学目的出发，在课文教学设计上分为四大部分：读前导入、整体阅读、仔细阅读及读后拓展。导入部分采用现在社会上比较热门的关于女博士的话题，继而引入课文的主题内容。该部分话题由易到难，层层推进，激发学生思考，体现了以学生为主体与建构主义的教学思想。整体阅读部分主要训练学生快速阅读能力，同时通过分析课文的整体结构，帮助学生了解该文体的写作思路。仔细阅读部分以语言知识为主，通过填空、翻译等练习强化对所学语言知识的掌握。读后拓展强调语言输出，通过课堂讨论、课后写作等活动引导学生进一步反思文章所引出的话题。

本教案的教学目的及教学重点难点突出、清楚。课堂教学目标设定遵循"大处着眼、小处着手"的原则。所有教学活动及教学资源都围绕设定的教学目的来进行。教学活动的设计体现了"教师为主导、学生为主体"的原则，并注重语言知识、语言技能以及内容的平衡。教学活动设计基于教材又不拘泥于教材，既有引导性又有延展性，根据课文主体，设计相应教学活动，做到形式多样、轻松活泼，在提升学生语言知识和技能的同时，体现学生自主学习能力和合作学习能力的培养，以此提升学生的综合文化素养。该作品突出多媒体课件的特征，采用图片、音频、视频等形式的材料，一方面使学生对所学内容产生兴趣，并有深刻印象，另一方面配合文本教学，提高教学的效率与生动性。该作品做到了操作简便性和交互性相结合，各个部分与内容之间均采取链接方式，易于老师根据实际情况进行取舍或调整内容，体现个性化教学。

参加本次教案设计，我们得到了难得的交流与学习的机会。在教案设计过程中，团队得到领导的关心与指导，成员之间经常相互探讨，就设计思路、细节设计等问题交流看法、分工协作，业务水平得到提高的同时也收获了友谊。同时，通过与其他作品的比较，我们也看到了自己的不足之处，如某些话题处理稍显简单，有的细节制作略显粗糙。但无论如何，每位成员在电子课件制作水平上都得到了提高，对大学英语教学有了更加深刻的理解与认识。这些都会激励我们在今后不断提高自己的业务水平，争取更好的成绩。

莫锦国教授点评：

  一打开该课件，简洁明了的界面就给人留下较深的印象。

  该课件通过四大步骤的教学设计体现了语言知识层面、语言技能层面和情感交际层面的教学目标。这四大步骤是：Before Reading, Global Reading, Detailed Reading和Post Reading。

  在Before Reading中，作者设计了Discussion, Recognition, Quotes, Video和Background Information等活动，使学生意识到女性在各个领域都能取得和男性同等伟大甚至比男性更加伟大的成功。在Global Reading中，作者设计了Part Division, Table Completion和Content Questions三项活动，通过这些活动使学生对文章整体结构有个大体的了解。接着，作者又设计了Detailed Reading这个步骤。应该说，这个步骤的设计不是太成功，作者只是处理了词汇部分，而对难句的处理没有提及。众所周知，要学生掌握语言知识和提高阅读能力这个步骤发挥的作用是至关重要的。因此，这样的设计是本课件一个缺陷。最后，作者在Post Reading步骤中设计了Phrases, Listening, Poem, Discussion和Writing等活动，这些活动使得学生所学语言知识得到了巩固，从数量与形式上看都合适。总体来说，以上这些教学设计是基本符合大学英语教学要求的。

  从界面设计来看，作者设计的界面布局较为合理，整体风格统一，色彩搭配较协调。此外，课件所用字体、大小合适，清晰明了。总体来说，界面设计是成功的。

众所周知，课件的功能设计是衡量课件优秀与否的重要依据。总体来讲，本课件的总体框架设计较为合理。虽然作者没有采用母版设计来实现导航系统，但步骤切换还是比较方便的。纵观整个课件，我们可以看到，除了Detailed Reading只有两个层次外，其他三个步骤都有三个层次，而且在进入第二层次后还能随意切换到该层次中的其

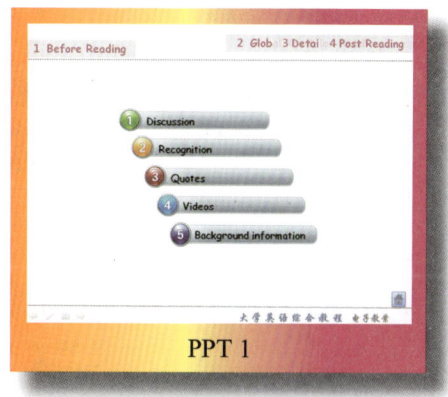

PPT 1

他部分或切换到其他步骤，从这点上讲，本课件的导航功能是成功的（见PPT 1）。但是，唯一感到遗憾的是，当进入第三层次后，内容又设计成线性展现了，比如，Global Reading中的Part Division和Table Completion。

PPT 2

最后谈一下本课件所采用的素材。虽然作者运用一些图片和音视频，但总的来说数量不太够。特别是所选的视频中中文说明太多，不符合让学生更多地接触正宗英语的原则。此外，在播放视频时，没有设计播放按钮以便教师可以随时暂停或反复播放某一片段，这点在课件设计中也是至关重要的（见PPT 2）。

二等奖　江西科技学院

参赛感言： 将现代信息技术元素注入外语教学中，使其充满艺术美感，从而师生均能乐享其中。

电子教案团队简介：

李芳媛（左二），副教授，项目负责人，教学理念、思路设计。
杨晓艳（左三），讲师，项目参与人，课件模板设计及制作。
李君（左一），讲师，项目参与人，课件素材资料收集。
邹圣鹰（左四），助教，项目参与人，课件制作。

挑战偏见，能量无限！

一、设计思路与结构

本电子教案设计以大一非英语专业学生为教学对象，引导学生理解课文内容，梳理文章结构，掌握重点词汇和句型结构，正确认识女性的个人价值和社会价值。在课堂教学活动设置中，采用了情景式教学法、任务型教学法等多种教学手法，体现了以教师为主导、学生为主体的教学理念。以训练学生的听、说、读、写、译技能及培养学生的批判思维和积极的价值观为教学目的。

本作品设计为2学时，包括课文的导入、课文分析、扩展练习和视听思索四部分：

课文导入：引导学生对莎士比亚的名言进行辩驳，通过视频播放让学生了解女性取得的杰出成就，引导学生深入思考女性与男性之间的差异。通过头脑风暴法以及比较法让学生打开思维，为课文的学习提供基础。

课文分析：采用以图述文的方法，用六张图片串联课文内容。通过看图说话，预测课文故事内容，分析与每幅图相匹配的课文段落，在多种形式的课堂教学活动中穿插重点词汇和句型讲解及相应的文化背景知识介绍，使学生能够清晰地掌握文章脉络和知识结构，五项语言技能得到训练。

拓展练习：引导学生看图复述课文内容并将其写在作业本上，加深学生对课文内容的理解，锻炼其写作能力；同时还设置了判断正误及句子翻译的练习。

视听思索：通过欣赏Facebook首席运营官谢乐尔·桑德伯格演讲视频，布置开放性作业，达到培养学生独立思考、团队合作精神及批判性思维目的。

二、作品特色

科学性与教育性结合：取材适宜，内容规范，素材趣味新颖，富有启发性。本课件在内容设计上采用以图述文的方法，既保证了内容的完整性，又使学生在课堂上将直观视觉和抽象思维相结合。教学内容上环节完整，深入浅出，在教学过程中交叉训练学生的听、说、读、写、译技能。注重培养学生的创新性和批判性思维。插入最新播出的视频，和国际时事紧密相连，且句例贴近生活实际。支持自主和探究式学习模式，使得教学内容生动有趣且不失对学生语言和思维能力的培养。

三、作品创新

技术性和艺术性结合：在PPT的设计上以传统教学中采用的黑板和粉笔为背景版式，用各种网络技术将教学内容置于其中，将传统观感和现代技术结合。教学设计模板设计巧妙，构思新颖，排版恰当，交互好，易操控，选图新颖美观，画面清爽素雅，具有一定的艺术欣赏性。

本课件由我们团队精诚合作、齐心协力共同完成。参加这次课件设计比赛，尤其鼓励了团队中的年轻教师积极利用网络、多媒体等教学资源来创新课堂教学模式，更新英语教学手段及教学理念，提高课堂教学实效，同时激发了青年教师对英语教学的热爱，不断地提升教师职业素养。

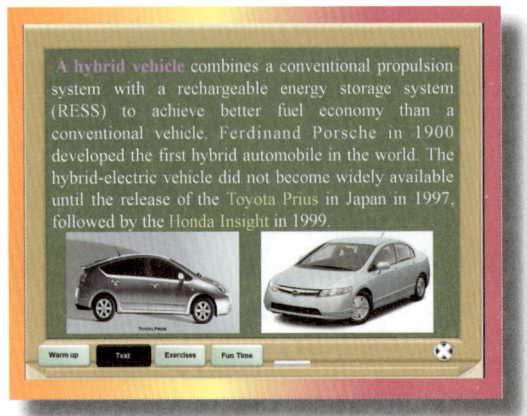

吴敏教授点评：

　　课件的教学内容适量，内容组织和安排适应，补充及处理的内容合适，不仅包括正常的语言知识内容，还选编了一些能够培养学生口语交际和思辨思维能力的内容，比较符合江西科技学院同类院校学生这样的教学对象的需求。

　　课件的教学设计思路清楚，教学目标明确，教学任务和活动合理。首先以5个问题为热身，引导学生思考和讨论人们传统对女性的看法和观念，并提问部分学生，让其表达个人的一些观点，这利于师生口语交互，还可以引发学生的兴趣，从而引入课文的主题。接着通过一组6张图片展示课文的组织结构段落划分，先让学生预测故事的内容，进行口头表达，然后教师重点对课文进行讲解，其间通过问题、语汇和语法链接等分析课文；课文讲解分析后，再用这6幅图片让学生用自己的语言复述课文的主要内容，从而训练学生的语言组织和表达能力。最后，通过扩展练习训练学生对课文内容、相关语汇和语法的掌握，并通过一段视频，培养学生的批判性思维能力。

　　课件界面设计统一、简洁、规范，图文布局和色彩搭配合理，设计和选用的图标美观、醒目，与相关内容和主题贴合，基本实现了整体效果的美观。课件中功能划分合理，菜单、功能键和导航键等布局合理清晰，便于用户操作。

　　课件所设计和选用的图片、音像素材及其处理质量较好。尤其是作者设计的一组直接与课文段落主题相关的图片，不仅有利于课件的导航，还有利于学生的思考。作者选用的2段视频与课文主题直接相关。课件中所有图片、音频和视频素材的技术指标完全符合课堂投影教学的需求。

　　综合课件的内容、设计和实现等方面，该课件整体是一个优秀课件，但是，还有一些地方可以进一步完善，例如，各面页的字体和字号可以统一用一两个标准和规范，文字中还存在中英文标点符号混用等不足之处。

二等奖　成都信息工程学院外国语学院

参赛感言： 参加本次大赛，让我们在探究与合作中，探索高校外语信息化教学新方式。

电子教案团队简介：

张舒（左一），男，讲师，担任团队负责人，主要负责教学内容设计及电子课件的主要制作。

陈丹（左二），女，讲师，负责资料搜集、电子课件配套文字教案编写。

自主·探究·合作——探索信息化教学新模式

本作品设计者以语言教学规律为指导，旨在通过两节课的教学活动，使学生掌握本课基本语言点，强化其快速阅读及听说技能，同时进行适当的背景知识延伸，引导学生对社会中所形成的对女性的定势思维（gender stereotype）进行再思考。

本电子教案具有界面风格统一、导航清晰简捷、逻辑结构清晰、层次性较强的特点，具有较好的视觉效果。其中的文字、图片、音频、视频、动画切合教学主题，有利于激发学生主动学习兴趣。设计者根据学习内容设计课堂问题，培养学生语言应用能力，具有一定的启发引导性。主要特色与创新点如下：

第一，本电子教案的界面整体风格简洁、统一。主导航页设计新颖，导航系统交互性强，操作步骤明确。设计者结合实际教学体会精简了一些页面不必要的链接图标。

第二，本电子教案的文字和图形搭配清晰、美观，选用明快的色彩，搭配协调，视觉效果佳。设计者结合实际教学心得，打破常规，适当增大了PPT页面文字的字号，既方便了教室后排的学生浏览，又不易使人产生视觉疲劳。

第三，传统的电子教案在词汇教学部分往往忽视了向学生传授"如何记忆单词"。设计者在本电子教案中，对词汇教学模式做了一定的改变。针对非英语专业大学生的学习弱点，强化了词性扩展和单词比较。首先巧妙地向学生展示所学新词，再将形似词、易混淆词放在一起进行比较。让学生通过"构词法"和"词汇联想"来记忆单词、加深印象。

第四，设计者将多种多媒体技术手段应用到本电子教案中。考虑到非英语专业学生听说能力较弱的实际情况，设计者加大了听说活动的比重。在课文分析的主页面，教师点击同一声音图标，即可实现在课文朗读过程中的任意位置暂停。（单击一次图标开始播放，播放过程中单击一次，声音暂停。）此外，设计者还利用Camtasia Studio和Windows Movie Maker两款软件进行了音频剪辑合成和视频制作。选取所授段落的部分句子，结合大学英语四、六级考试题型，制作了复合式听写练习。

第五，本电子教案使用了一些切合教学主题与课堂活动的动画设计，部分页面采用了自动播放效果，无需点击鼠标或按钮即可实现多内容先后展示，从而方便了师生课堂互动，提升了课堂教学实效。例如制作了自动倒计时效果；在段落内容问答环节，授课教师在使用过程中可根据课堂活动时学生的表现，灵活控制在何时显示参考答案。设计者通过Microsoft Office PowerPoint 2007的"触发器"功能，实现了这一效果。

吴敏教授点评：

该课件通过头脑风暴、快速阅读、课文分析、理解练习和扩展读物等五部分合理地组织教学内容，遵循了学生学习由感性认识到理性认识再到感悟的认知过程；在4段的课文分析前，作者均分别给出"Content Question"，从而能够使学生带着问题去思考和学习。同时，课件还突出培养学生提炼并归纳课文作者观点、表达和思辨自己观点的能力，针对中国学生普遍存在的问题，增加听说训练等教学内容。

该课件显然进行了很好的教学设计。通过课堂热身、语言操练和口语活动等教学任务和活动，体现了在教师引导下学生自主思考和学习及师生交互的教学情境和环境。课件改变了传统精读课程的教学方法，能够利用超媒体和多媒体等技术，将词汇和语法教学融入课文讲解之中，使学生在课文学习中记忆词汇及其扩展词汇，体会一些语法在实际中的使用。

课件界面整体风格简洁，图片和文字布局美观，色彩搭配和文字字体字号恰当，能较好适应课堂教学投影的需要。菜单和导航设计新颖清晰，具有较好的交互性和操作性。课件作者熟练地运用PowerPoint的动画等功能，实现了很好的动画效果。

课件制作、选用和处理的媒体素材质量较好，达到了PPT用于课堂需要的要求，符合相关媒体的技术规范，并能体现和衬托教学单元课文主题，有助于学生对教学内容的学习、理解和练习。

该课件若能在目录页前再增加本单元的教学目标，并对课件的色调和风格进一步统一，将会使课件更加美观，可视性会更好。

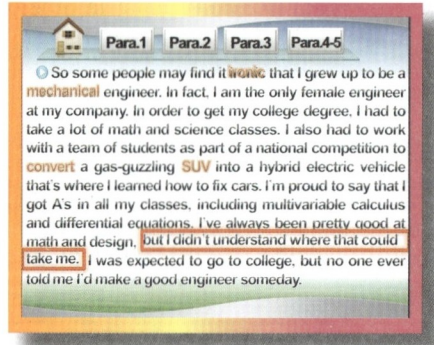
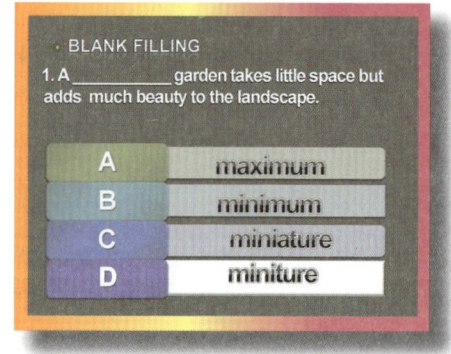